他总能用最平常的文字写出他独特的感受，让最普通的拟人方法出彩，让最简单的句子生动活泼，有了韵味。（韩少功《山南水北》）

余华这种近乎华丽大胆的语言和贾平凹质朴的语言呈两种风格。它说明，适当的形容和比喻乃至夸张，和朴素稚拙同样都可以把一句话写得好看，写得丰富多彩。

先学习生动地描写一朵花，把从生活中观察到的和在书本中学到的两相结合。等写好了一朵花，再去写别的，就会有了一些方法，多了一些底气。

正所谓"观千剑而后识器,操千曲而后晓声",
占有的材料多了,看得多了,
学的方法自然就多了。

比较阅读，是动了脑筋、过了心的，
更容易让我们接受，也便于消化和吸收。
就像吃东西，每个人都有自己觉得好吃的标准，
自己爱吃、多吃、吃饱、吃美就够了。

汉口的武汉市美术馆 LuXing 2017年芒末

平常多注意熟悉的事物，多留心看几眼，
想一想，问一问，如果自己来写，该怎么写？
这样，我们读到别人写的我们熟悉的事物的时候，
就会格外注意。

从性格入手，让拟人的方法得到进一步的延伸和发展。这样写，便不只是从事物外表的形状出发，而是进入了内心和性情那部分，更容易写得生动。

在文学与戏剧中，人物关系构成了情节的基础；
人物关系之间的变化，
就是情节的演进。

写作课

下

肖复兴 著

长江文艺出版社

写在前面

有关写作，除了交流与兴趣之外，这里还需要补充三点。

一是小一点儿。最初的写作，不要贪多，更不要贪大求全，非写得像小猫吃鱼一般有头有尾。俗话说得好，"贪多嚼不烂"。越小，越容易写，也越容易学，越容易把握住。写得成功了，才能从中获得自信和乐趣。当然，这里所说的"小"，指从自己身边的人和事中去找，是用自己的眼睛看到的"小"，而不是从作文书中看到的"小"。

二是抄一点儿。这里所说的抄，指的是模仿。俗语有云，"熟读唐诗三百首，不会作诗也会吟"，还有句话，"天下文章一大抄"，这里的"读"与"抄"，实际上都是讲模仿的重要性。孩子最初的写作，要允许模仿，鼓励模仿。这就如书法中的临帖和描红模子，即使是大书法家，也离不开这样的必经之路。

三是短一点儿。短和小是联系在一起的，注意了小，才有可能写短；同样，注意了短，才容易把眼光集中在小的上面。孙犁先生写过一篇很短的散文《菜花》。冬天的大白菜，放久了，菜头会长出黄色的小花来。孙犁先生写的就是这样不起眼的白菜花，并由菜花引申写了这样一段话："人的一生，无疑是个大题目。有不少人，竭尽全力，想把它撰写成一篇宏伟的文章。我只能把它写成一篇小文章，一篇像案头菜花一样的散文。"这是经验之谈，可供我们思考和学习。刚刚接触作文的孩子，远不到作"大题目"、写"宏伟的文章"的时候，那么，从"像菜花一样"短小的散文入手，无疑是最佳选择。

短一点，再短一点儿！不要怕虎头蛇尾，不要刻意去升华思想，只要把自己心里最想写的那一点写出来就行！这看起来简单，做到不容易。家长做到更不容易，因为家长往往秉持在以往教育中所形成的惯性思维，希望孩子一步到位，所谓不要输在起跑线上，所谓恨不一夜高千尺。要做到"短"，家长就绝不能做这样一夜千尺的梦，要从春笋冒芽尖做起。我们一定要意识到，对于初学写作者来说，短的精彩远比老太太裹脚布一样又臭又长重要；有意思比有意义重要。

以上，我在书中说得够多了，这里我又拉拉杂杂说了这么多，就此打住吧。说了这么多，相信读者会明白，与其说这是本写给孩子看的书，不如说也是写给家长和老师看的书。

家长、老师和孩子若能够一起读这本小书，更是我所期待的。

　　这本小书写毕于去年年底，在今年年初改成。日子过得这样快，转眼又到了一年的年底，新的一年，又要来临。不知会有哪位朋友偶然遇见这本小书，那么，我们便可以在这里邂逅。如果你能喜欢，并觉得对你有所帮助和启发，哪怕只是一点点，便是给予我大大的鼓励了。

目 录

第一课 从一句话开始

003 \ 一 先学会用动词而不是形容词
009 \ 二 从比喻和拟人入手
015 \ 三 在比较中学习写句子
023 \ 四 调动真实的生活体验和感受
031 \ 五 怎么把一句话写得新奇

第二课 从一朵花开始

041 \ 一 照葫芦画瓢
045 \ 二 尽可能多地占有
055 \ 三 让不同的作家PK一下
064 \ 四 一朵花的心情和梦境

CONTENTS

071 \ 五 写花就是写人

第三课 怎样把事写生动

081 \ 一 从馋说起
086 \ 二 以枣为例
095 \ 三 多留意身边熟悉的
101 \ 四 不能只注意描写事物的外表
106 \ 五 小夜曲和交响曲两种写法

第四课 怎样把人写生动

113 \ 一 让人物动起来
121 \ 二 寻找人物感情和形象的载体
131 \ 三 景物的作用
136 \ 四 面纱的启示
141 \ 五 在人物关系中写人
148 \ 六 借水行船把人物写生动

第一课

从一句话开始

一

先学会用动词而不是形容词

先不忙写一篇完整的作文,而是先写好一句话。

这道理很简单,就像我们吃饭,总是要一口口地吃,不可能一下子就把一碗饭吃净。走路也是一样,需要一步步地走,才能把一段路走完,不可能一步就跑到头,即使是百米神人苏炳添,也做不到。因此,因噎废食或急于求成,对于作文学习来说,都是极为不利的。

写和说,密切关联在一起,说在前,写在后。我们说话,都是先从会说一句话,甚至是先蹦一个字开始的,不会一下子出口成章,长篇大论地说个没完。同样,写作文,也是要先从写一句话开始。写好一句话,才有可能写好一篇文章。这是写作的规律,符合孩子的心理和生理的特点。

写好一句话,写生动一句话,写漂亮一句话,也并不那么容易。所谓万事开头难。美国作家安妮·迪拉德在她的《写作生涯》

一书中说:"喜欢句子,就能成为一个作家。"可见,写好一句话,不仅对孩子最初的写作很重要,对一个作家也同样重要。实在不必要一开始写作文,就要写得篇章完整,还要注意开头结尾过渡和中心,更要关心主题思想的提炼,以至到作文最后的升华,这样的小猫吃鱼——有头有尾。

我认为,最初写作文的时候,这些都不重要,重要而且首先要做的,是先从写好一个句子开始。我们的语文课,有造句的练习。但是,作文的这一句话写作,和传统语文作业的造句不同。传统的造句,更多的是锻炼具体语法和指定词语的运用。作文的造句,更多的是要怎么把普通的一句话,写得不普通,写得漂亮、生动、形象、丰富,写得有自己的想法和新意,尽可能地与众不同。

传统的造句,像圈里养羊。一句话写作,像把圈门打开,把羊放牧在草场。把一句话写好,写生动,写形象,写漂亮,对于孩子最初学习写作,是重要的一步。

举个例子,写"黑暗中点亮一盏灯",这是一个陈述句,不生动的原因在于,灯和黑暗这两个相互对比的东西,都没有写出各自的特色。看"九叶派"的诗人郑敏,怎么样将这一陈述句写生动的:

一只手

点亮一盏灯
黑暗缩向角落

诗人只是在点亮灯前面，加了"一只手"三个字；在黑暗后面，加了"缩向"两个字。"缩"，是个动词，有了这个动词，黑暗便如人如动物一样会动了，自然就生动了。一只手，既点亮了灯，更和强大的黑暗做悬殊的对比，便更显得一只手即便弱小，也可以具有让黑暗退缩到角落去的力量。一只手，便将"点亮"这个动词更赋予动感和力量感。自然，比写"黑暗中点亮一盏灯"要生动了许多。可见，动词的运用，对于写生动一句话，是多么重要。

再举个例子，"天很蓝"，也是一个陈述句，要想让这句话生动起来，我们一般会加一些形容词，最常见的是像水洗过一样的蓝，或者蓝得像大海，都比只说"天很蓝"要好。但是，这样的形容，很常见，并不新鲜。

台湾作家朱天心曾经在《古都》中这样写：

那时候的天空蓝多了，蓝得让人老念着那大海就在不远处，好想去。

看，其实她的意思，和我们常见的"天蓝得像大海"，是一样的。但是，她的写法不一样。她在这句话里用了两个动词："念着"和"想去"，这两个动词，一下子便让"天蓝得像大海"这句比喻句，起到了化学反应一样，变得生动。谁"念着"？谁又"想去"？是作者自己。这样一来，比喻之中，增加了主观的感情和心情：感情，是老"念着"；心情，是迫切"想去"。这样的感情和心情，让"天蓝得像大海"的那种蓝，也就是我们陈述句说的"天很蓝"的蓝，有了形象化的说明；比起说"天蓝得像大海"，又多了感情的色彩。

在这句话里，我们可以看出"念着"和"想去"这两个动词起到的作用。学习动词的运用，对于我们写好一句话，是多么关键，有时候，可以将平常的一句话点石成金，变得生动活泼起来。

再举个例子，汪曾祺先生的《端午的鸭蛋》。汪曾祺写的是他家乡高邮的双黄鸭蛋怎么好吃，特点是质细而油多。如果让我们写，该怎么写？如果仅仅这样说："我们家乡的咸鸭蛋，真的非常好吃呀！为什么好吃呢？因为它质细而油多，而且，还是双黄的。"这样写，就不生动，只是简单的介绍，和广告词差不多。

看汪曾祺先生是怎么写的——

他写吃法"一般是敲破'空头'，用筷子挖着吃，筷子头一扎进去，吱——红油就冒出来了。"看，他用了一个"扎"，一个"冒"，动词；用了一个"吱"，象声词。这就把咸鸭蛋的油多好吃写出来了，写得生动、形象，就像在我们眼前发生的一样。同样是一句话，比简单说"咸鸭蛋真是好吃"，要好多了。

再举个例子，也是写东西好吃，看看贾平凹在《商州又录》里怎么写他家乡的柿子好吃。和汪曾祺先生写咸鸭蛋怎么好吃的写法一样，贾平凹也是从吃柿子开始下笔写这句话的："那嘴轻轻咬开那红软了的尖儿，一吸，甜的香的软的光的就会到肚子里。只需再送一口气去，那蛋柿壳儿就又复圆了。"

看，他的这句话，只用了"咬""吸""送"，三个动词，完成了三个连续的动作，香甜绵软的柿子里的蜜汁，瞬间就被吮吸光了，又复圆回到原样。他写得多么形象而生动，柿子的软和好吃，都被写得淋漓尽致。三个动词，是不是比用形容词更传神？

我们将贾平凹吃柿子，和汪曾祺吃咸鸭蛋的写法做个比较，可以看出，他们都注重动词的运用，而这些动词都是很普通的，并不是用华丽抽象的形容词或大而空的感叹词。汪曾祺还比贾平凹多用了一个象声词。无疑，多了这个象声词，更增添了这句话的口语化和生动性。

我曾经将汪曾祺和贾平凹分别所写的这一句话，进行分析比较之后，问学生这样一个问题：如果让你替贾平凹在他的这句话中，也加上一个象声词，你们会用什么象声词，加在什么地方？

孩子们几乎异口同声地回答："那嘴轻轻咬开那红软了的尖儿，一吸，'吱——'甜的香的软的光的就会到肚子里。"加得多好啊!加上了这个象声词,加到这里,是不是就让这句话更生动了呢?

贾平凹在总结他自己的写作经验时说:"生动、有生命的东西是动着的。语言中多用动词,用常人不用的动词,语言就有了场面感,有了容量和信息量。"他举杜甫《兵车行》中的诗句"牵衣顿足拦道哭"为例,七个字,有牵、顿、拦、哭四个动词,"平常说文字的硬度、张力,指的就是会用动词。"这是经验之谈。

那么,我们在写一句话的时候,也可以学习这样的方法,不是非要用那么多华丽的形容词,而是要注重用动词,用常人不用的动词,以此来写动作,来把一句话写得生动、活泼。

> **▶ 推荐阅读**
>
> ☆ 汪曾祺《端午的鸭蛋》　　☆ 贾平凹《商州又录》

二

从比喻和拟人入手

　　写好一句话，是非常有意思的一种练习，带有一定的游戏色彩。

　　写好一句话，从哪儿入手更合适，更好一些呢？我的体会是，从学习比喻句和拟人句入手。因为，比喻是我们常常运用的一种方法，我们从小就有意识无意识地接触过。在日常生活中，无数次听大人说起过；也常会从自己的嘴里冒出来（我之前所举的逛天坛的小孩子情不自禁地说"树下雨了"，就是明显的例子），我们并不陌生。此外，比喻也是最简单最容易让一句话变得生动的方法，我们学到了这样的方法，眼瞅着自己的这句话变得生动起来，会立刻获得满足感和成就感。

　　关键是，我们要知道什么样的比喻和拟人是好的，新鲜的，生动的，而不是那些司空见惯的，别人用烂的比喻和拟人。选择这样的比喻和拟人，不能照本宣科，还需要自己去消化，去学习。

首先,要把我们自己想出来的比喻和拟人讲出来;然后,再把别人写的拿出来,和自己想出来的做比较,在这样的碰撞之下会看出差距,自己去体会其中的奥妙,才能学到一些东西,变成自己以后写好一句话的行之有效的方法。

举个例子,我们看见鸟在空中飞,样子很漂亮,怎么写?要求只有一点,不要只用"漂亮"这两个司空见惯的字。比如写鸟飞的样子,像在翩翩起舞。这就比用漂亮要好得多。迟子建在她的《一座城的生灵烟火》的散文中这样写道:

一只灰鹤从灌木丛中飞起,像青衣抛出的一条华丽的水袖。

显然,这样写,比写鸟翩翩起舞要好很多。那么,迟子建是怎么把鸟飞起来这样简单的动作,写得清新动人呢?我们来看,她先把灰鹤拟人化,但不是一般的人,而是别出心裁地比作了戏曲里的青衣;然后,再把灰鹤飞起的样子,比喻成了青衣甩出的水袖。一个新颖的拟人,一个随之联想的比喻,前后的放大(开始起飞时是青衣这个人)与缩小(后来变成了人的一部分——水袖),长镜头(灰鹤刚起飞时)与慢镜头(灰鹤水袖甩出时),彼此之间的关系,非常清晰。作者写作的思路也非常清晰:先把鸟想象成一个具体什么样的人,再联想到这个人会有什么样的具体的动作,可以和鸟的飞翔有联系,从而写出这种飞翔的漂亮来,将"漂亮"这个抽象的词，写得富有画面感。

我们再来看韩少功在《山南水北》一书中是怎样写白鹭的：

> 在水面上低飞，飞累了，先用大翅一扬，再稳稳地落在岸石上，让人想起优雅的贵妇，先把大裙子一提，再得体地款款入座。

和迟子建写的灰鹤异曲同工。迟子建把灰鹤比拟为"青衣"，韩少功把白鹭比拟为"贵妇"——都是优雅的人。一个是"抛出的一条华丽的水袖"，一个是"大裙子一提，再得体地款款入座"。我们完全可以照葫芦画瓢，将这种方法运用在我们的作文之中，并稍作变换。他们把鸟比拟成"青衣""贵妇"，这都是大人。我们何不换个思路，把鸟比拟成小孩？那么，小孩会有什么样的动作，和鸟飞起来的样子有点儿联系呢？我们是不是可以想到小孩爱追逐打闹？迟子建和韩少功写一只鸟，我们可以写一群鸟；他们用的是水袖和裙子作比，我们可以用声音作比。这样的话，我们就可以把这句话写成：

> 一群小鸟从灌木丛中（或者草丛中，或者林子里）飞起，像一群小孩追着跑着打着闹着，叽叽喳喳地叫成一片。

再比如，写喜欢某一个人或某一种事物，不要用"喜欢"这个词。我以爱尔兰作家乔伊斯的《阿拉比》为例。他写一个小男孩喜欢邻居的一位大姐姐：

我不知道自己究竟会不会同她说话，要是说了，怎么向她倾诉我迷惘的爱慕。这时，我的身子好似一架竖琴，她的一颦一笑宛如拨弄琴弦的纤指。

看，乔伊斯没有用"喜欢"这个词，却将小男孩喜欢这位大姐姐的心情写得惟妙惟肖，用的方法就是一个比喻句，只不过这个比喻很新颖，他把小男孩比成竖琴，把大姐姐的一颦一笑比成拨动琴弦的手指。这里的"喜欢"，不仅有了画面感，还有了音乐感。我们是不是也可以学习这样的方法呢？比如，写我们想念远在外地的爷爷和奶奶，可以照葫芦画瓢这样写：

每逢想念爷爷奶奶的时候，我的心都好似鼓满风帆的小红船，禁不住向爷爷奶奶的家划去。

我们的小红船，替代了乔伊斯的竖琴；划动小船，替代了乔伊斯的拨弄琴弦。方法就是这样简单，像魔术里的"换头术"。

再比如，如果写清晨刚刚出来的太阳，该怎么写？常见的句子是这样的:"清晨的太阳冉冉升起。"显然,这是陈词滥调。或者如这句歌词:"太阳当空照,花儿对我笑。"一点儿也不新鲜。我们来看看迟子建在同一篇文章里是如何写清晨的太阳的,她写的是初冬时清晨的太阳:

> 它蹄子旁的水洼,有时凝聚了薄冰,朝晖映在其上,仿佛大地做了一份煎蛋,给承受了一夜霜露的他们,奉献了一份早餐。

看,她写太阳映照在冰面上,像早餐的一份煎蛋,多么生动,又多么新鲜别致,带有童趣。我们写太阳映照在冰面上,也可以模仿这个"煎蛋"的比喻。我们还可以写太阳在树林里升起,像挂在树梢上的一盏灯笼;太阳映照在水里,像水里的一条圆圆的大船;太阳升到我的窗前,像爷爷叫我赶紧起床上学⋯⋯

相信受此启发,我们肯定能够一下子拔出萝卜带出泥,想起很多好玩的比喻句。这些比喻句,在别人的书里,也在我们的生活中。比喻,是写好一句话最现成的帮手,我们可以轻而易举地学到,一点儿都不难。但是,需要多练习,一次不行,再多来几次,这考验耐心和恒心。

为和怎样写阳光做个对比,我们再来看怎样写月光。韩少功在《山南水北》中写他家乡的月光,是这样写的:

看月亮从树阴里筛下的满地光斑，明灭闪烁，聚散相续；听月光在树林里叮叮当当地飘落，在草坡上和湖面上哗啦哗啦地拥挤。

"拥挤"显然是拟人了，不仅拟人，还哗啦哗啦地带着声响，便是将拟人进一步深化。韩少功描写这样的乡间景物，得心应手，妙语迭出，非常值得学习。比如他写在乡下最常见的蚊虫的叮咬。他说这是蚊虫"送上一份热烈的问候，一份稍觉粗野的亲近"。人的问候，不算什么新奇；蚊子叮咬人，算是问候，就很新奇。一个拟人化的句子，透着一份别样的亲切。

他写乡间的湖水。他说："你在水这边挠一挠，水那边似乎也会发痒。"人痒痒，不算什么新奇；水也会痒，就很新鲜，嫁接出一种有趣的效果来。他总能用最平常的文字写出他独特的感受，让最普通的拟人方法出彩，让最简单的句子生动活泼，有了韵味。

▶ 推荐阅读

☆ 迟子建《一座城的生灵烟火》　　☆ 韩少功《山南水北》

三

在比较中学习写句子

举几个例子。

写夕阳。波兰的诗人亚当·扎加耶夫斯基这样写:"沉重的太阳向西闲逛,乘着黄色的马戏团马车。"写浆果的颜色黑,他这样写:"浆果这么黑,夜晚也羡慕。"

写衣服口袋多。法国作家马塞尔·帕尼奥尔这样写:"于勒姨父却像商店橱窗那样,浑身上下挂满山鹑和野兔。"

写衣服穿戴整齐。朱天心这样写:"我从来没见过她穿那么乖的衣服。"

写月光。诗人阿赫玛托娃这样写:"轻盈的月亮在我们头上渐次飞旋,宛如缀满雪花的星辰。"

写星星。契诃夫这样写:"天河那么清楚地显出来,就好像有人在过节前用雪把它们擦洗过似的。"

写河水的涟漪。诗人大解这样写:"河水并未衰老,却长满了皱纹。"

写土豆。郭文斌这样写:"每次下到窖里拿土豆,都有一种特别亲切的感觉,像是好多亲人,在那里候着我。""饭里没有了土豆,就像没有了筋骨。"

写野鸡。张炜这样写:"老野鸡在远处发出'克啦啦,克啦啦'的呼叫,可能正在炫耀什么宝物。"

写道路。于坚这样写:"大道,亮晃晃的像一把钢板尺,水泥电杆像刻度一样伸向远方。"

我们将这十句话,以更适合孩子们的阅读和写作方式,改写一下:

> 夕阳乘着马戏团金色的马车。
> 夜晚都羡慕浆果怎么那样黑。
> 衣服口袋多得像商店的橱窗。
> 她穿的衣服那么整齐。
> 月光像缀满雪花的星星闪烁。
> 星星像被人用雪擦洗过似的。
> 河水的涟漪像长出了皱纹。
> 土豆像我的亲人;饭里没有土豆,就像没有了筋骨。
> 老野鸡呼叫着在炫耀什么宝物。
> 大道像钢板尺,一根根电杆像刻在尺子上的刻度。

如果我们再将这十句话,写成不动脑筋,或偷懒,或方法不够,而常容易写成的样子——

夕阳落山了。

浆果真黑。

衣服口袋真多。

衣服整齐。

月光闪烁。

星星闪烁。

河水荡漾起涟漪。

我最爱吃土豆,每顿饭都离不开土豆。

老野鸡在叫。

路很远。

两相比较,大家就会发现,同样写一句话,写得好和写得一般,是那样不同,一目了然。写得一般的,干巴巴的,我们自己看了都没什么兴趣;写得好的,那么生动活泼,我们自己看了都兴奋。

我们再接着分析一下,写好一句话的奥秘有没有?有的话,在哪里?我们可不可以学?学的话,从哪里学?

显而易见,别人写的这十句话,用的都是比喻或拟人的常见修辞方法,并不复杂,也不深奥,我们完全可以学。那么,就从比喻和拟人这样简单的方法开始学,可以有意识地去模仿。那样的话,我们一样可以写:

夕阳乘着金色的马车(或者写月亮乘着银色的婚车)。

浆果比夜晚还要黑(或者写苹果比太阳还要红、榴梿比刺猬还要扎人)。

衣服口袋像商店橱窗(或像快递收件箱)。

衣服穿得像个听话的乖学生(或衣服穿得笔管条直)。

月光像缀满雪花的星星一样闪烁(或像霜花一样晶莹闪亮)。

星星像被人擦洗过似的,是用雪花擦洗的,怪不得那么晶莹(或是用露珠擦洗过的,像露珠一样闪闪发亮)。

河水的涟漪像老爷爷脸上的皱纹(或者写白杨树皮上的斑痕像老爷爷胳膊上的老年斑)。

土豆就像我们每天都离不开的亲人(或者写所有爱吃的青菜都是我们离不开的亲人)。

野鸡呼叫着在向人们炫耀它的宝物(或者写其他鸟呼叫着,似乎在向人们急不可耐地炫耀它们的宝物)。

大道平坦得像钢板尺,电线杆像刻在上面的刻度,伸向远方(或者说大道两旁的树像刻度,伸向远方)。

……

看,这样的学习,对于我们写好一句话,是不是很有帮助?大家可以比较并模仿作家们写的句子,编排出自己要的新样子。这样的学习,带有一定的游戏色彩,便于接受,容易上手。

我们再来比较一下关于阳光的描写。

苏联作家巴乌斯托夫斯基这样写:"太阳光斑被风吹得满屋跑来跑去,轮流落到所有的东西上。"

日本作家川端康成这样写:"泼洒在竹叶上的阳光,像透明的游鱼,哗啦啦地流泻在它身上。"

仔细比较一下,我们会发现他们描写阳光的相同点和不同点。

相同点,是都为阳光找到了落点:一个是落在满屋所有的东西上;一个是落在竹叶上。不再局限于阳光自身,便避免了阳光灿烂、阳光温暖之类雷同化的描写。

不同点,是他们用的修辞方法:一个用的是拟人,让阳光被风吹得跑来跑去;一个用的是比喻,把阳光比喻成游鱼。不同的修辞方法,目的是一样的,都是为了把阳光写得生动活泼。

在这样的比较中,可以明确学习的着重点。我们也可以用不同的修辞方法,来描写阳光。他们用了拟人和比喻,我们也可以用呀。他们说阳光跑来跑去，落在所有的东西上；我们可以说阳光简直就像调皮的孩子，在教室里尽情地翻着跟头打着滚。他们说阳光像透明的游鱼，哗啦啦地流泻在竹叶上；我们可以说阳光像透明的小鸟，叽叽喳喳地落在树林中。在这样的模仿学习中，我们一下子找到了阳光新的落点：教室和树林。以此类推，我们可以写出更多的拟人句和比喻句，找到更多新的落点。在这样的比较中学习，在学习中寻找属于自己的方法，会非常有乐趣，可以让学习不再那么单调、枯燥。

我们再来看看写秋天的树叶，迟子建、周涛和叶芝三人是怎么写的，比较一下，会觉得很好玩。

迟子建这样写：

深秋的树叶多已脱落，还挂在树上的，就像缝纫得不结实的纽扣，摇摇欲坠，一阵疾风吹起，牵着它们最后的线终于绷断了，树叶哗啦哗啦落了。

周涛写一个女孩看一枚落叶：

只有一个孩子，一个女孩子。她拾起一枚落叶，金红斑斓的，宛如树上的大鸟身上落下的一根羽毛。她透过这片叶子看太阳,光芒便透射过来,使这枚秋叶通体透明,脉络清晰如描,仿佛一个至高境界的生命向她展示它的五脏六腑。"呀!"那个女孩子说,"它的五脏六腑就像是一幅画!"

爱尔兰诗人叶芝这样写:

落叶不是从树上,而是从天上的花园里落下。

三种描写,哪种好,哪种你更喜欢?

我这样问孩子们。孩子们说都好,都喜欢。问为什么,他们告诉我——

第一种,把叶子比喻成"缝纫得不结实的纽扣",新鲜,好玩。

第二种,把落叶比喻成"树上的大鸟身上落下的一根羽毛",也挺好,更好的是又透过这片叶子看太阳,光芒便透射过来,看见了叶子里面叶脉的五脏六腑,更好玩,叶子也有五脏六腑,阳光不成了透视机了嘛!

第三种,叶子不是从树上落下来的,是从天上的花园里落下来的,更美,充满了想象!

三种描写的妙处,孩子们都看到了。写落叶像羽毛,阳光让它通体透明,是客观的描写;写叶子像纽扣,一阵风就能把它吹落下来,有主观的心情在;写落叶来自天上的花园,则完全超出主客观之外的想象。

我对孩子们说,以后你们写秋天的叶子,也可以这样写呀——

叶子摇摇欲坠,像纽扣,线就要断了,一阵风就能把它吹落下来。

太阳把叶子照得那样透明,叶脉一根根的清清楚楚,像血管,都能看见叶子绿色的血液在流动呢。

如果天上有花园,秋天的落叶一定是从那里飘落下来的。要不怎么会那么金黄,那么火红?

即使只是简单的模仿,也能写得生动、漂亮。在模仿的过程中,挖掘出属于自己的方式,举一反三,反复练习,这样努力去练习,就会有明显的进步。

四

调动真实的生活体验和感受

　　写好一句话,需要动脑筋,还需要学习别人,看看人家是怎样将一句话写得出色,令人叹为观止的。这种学习并不难,只是需要坚持,需要我们下笔时仔细斟酌,而不是一挥而就,草草了事;也不要光想着用从书上抄来的形容词——那些华丽的形容词和词典里现成的成语,滥用只会适得其反,让文章显得浮华、空洞。

　　在这里,我要特别强调,写好一句话,要调动我们自己真实的生活体验和感受。将这样的体验和感受,融合在我们从别人的文章里学到的方法中,如此两相结合,效果才会好,而不要将现成的形容词,生搬硬套在自己的文字中。道理很简单,因为体验和感受是自己的,而形容词是别人的。

　　读英国作家斯蒂文森写的小诗《我的影子》,非常有趣:

有时候他长得那么高,像皮球,一蹦蹿上天;有时候他缩得这么小,我完全看不到他。

说他写得非常有趣,是因为他写的都是他真实的感受,我们也能感同身受。我们在看自己的影子的时候,是不是也觉得影子拉长的时候,一蹦能蹿上天,影子缩小的时候,还真的就看不到了呢?那么,我们怎么以前就没有想到把自己这样的感受写出来呢?写出来的话,不也成了一首漂亮的诗吗?

斯蒂文森用了什么高不可攀的形容词了吗?没有啊,他只不过用了一个"像皮球"的比喻句而已。那么,我们以前为什么没写出来呢?因为我们在写"我们的影子"的时候,往往先去想有什么好的、合适的形容词,而忽略了我们自己平常生活中真实的感受。

为说明这一点,再来看贾平凹在《商州又录》里写的:

太阳并没有出来,却似乎添了一层光的虚晕,慈慈祥祥的像一位梦中的老人。

这是贾平凹写山。他只用了一个比拟的修辞手法,并没有用什么了不起的形容词，便将凌晨蒙眬光晕中山的苍老而慈祥的形象勾勒了出来。

他写的是凌晨的山，便和人联系在了一起，那时候，人们还没睡醒，甚至还在做梦呢；他把山比喻成老人，因为他觉得山在这个世界上存在的年头太长了。看，一切都来自自己的生活体验和感受。

那么，大家也可以从自己的生活体验出发，来看看怎么写。贾平凹是大人，把山比喻成老人，大家可以把山比喻成孩子呀，因为你们自己就是孩子；他写太阳还没有出来，大家可以写太阳刚刚出来，山一下子从梦中醒来，被太阳照得浑身发亮，朝气蓬勃，小鸟都飞出来了，亮着清脆的嗓门儿在唱歌……

再来看贾平凹写山谷里的云雾：

> 你不知道谷深到何处，成团成团的云雾往外涌，疑心是神鬼在那里出没。

只是用了一句联想，把云雾联想成神鬼出没。但是，恰到好处，生动逼真，且还有一种情绪在，让人有身临其境之感。

如果这句话只写到"你不知道谷深到何处，成团成团的云雾往外涌"这里为止，还会有这样的效果吗？如果仅仅写到这里为止,恰恰像孩子们常常写的。当然,写成这样的一句话,已经很不错了,因为将山谷里的云雾写得很清楚,也很形象了。但是,加上了后面"疑心是神鬼在那里出没"这半句话,云雾才更神秘,更生动,而且让人浮想联翩。这句子,才更上一层楼。

贾平凹的这后半句,多了自己主观情绪的介入和表达。这种主观情绪,就是把生活中曾经有过的真实的体验和感受,移植到这里运用。

试想一下,在我们的生活中又何尝没有这样真实的体验和感受呢?我小时候走夜路,就总会想起"鬼故事",越想越害怕;看到山谷深处成团成团的云雾往外涌,心里也有这种害怕的情绪。如果我把当时的真实感受写下来,就不会只是单摆浮搁的客观描写了。

写好一句话,有我和无我,是能够看得出来的。有我,容易写得真切生动;无我,则容易写得一般化。

再看贾平凹的另外一个例子。他看到一根像琵琶的老榆木树根,喜欢得不得了。但是,他写这句话的时候,不说喜欢二字,而是说:"就将在村子里所买的一袋红薯扔掉,把这琵琶带回来了"。看,写得多简单。

如果只是写"喜欢一根像琵琶的老榆木树根,喜欢得不得了",那么,这个"喜欢得不得了"便是不生动的,是抽象的心情表达。多了后半句把"所买的一袋红薯扔掉","喜欢得不得了"就不抽象了,变得生动了起来;扔掉一袋红薯的动作,将"喜欢"这种看不见的心情,变得看得见,摸得着了。动作,代替了如何喜欢的形容词。这是从生活实际而来,并非自己编造的。

这是我们可以学习的好方法。我们太爱用"喜欢"这类形容词了,在表现心情的时候,尤其爱用这些形容词,比如激动万分、分外想念、悲痛欲绝、后悔莫及之类。这样的形容词,用得再多,也难以把心情写得生动,反而很容易把话写得不生动,因为忽略了自己的真实感受,或者说没有把自己的真实感受写出来。爱用形容词来写心情,常常是偷懒的法子。形容词是现成的,摆在那里,词典里有很多,拿起来,使着方便,而自己真实的体验和感受需要平时积累,写的时候能够立刻想到,需要动脑筋,有由此及彼的联想能力。

想一下,如果我们有一件非常喜欢的东西,比如说一个贝壳,自己会是一种什么样的感受?光说喜欢、特别喜欢、爱不释手,行吗?别人能够看得出来你真的是那么喜欢,又是怎么喜欢的吗?

记得我读中学的时候,到东单体育场踢球,意外碰见一个小学同学也来踢球。我们多年未见,特别高兴,踢球踢得尽兴,还聊得尽兴,临走的时候依依不舍,还不住地说个没完。我回到家才发现,脱下的外衣忘在体育场了。如果是我来写喜欢贝壳,是不是可以把我这段体验和感受，移植到贝壳上，这样来写："我高高兴兴地把这个贝壳带回家，却把书包忘在海边的沙滩上了，挨了爸爸妈妈的骂。"这是不是比简单地写一句"我特别喜欢贝壳"要好呢？

再看贾平凹写三月的春风：

风开始暖暖地吹，其实那不应该算作风，是气，肉眼儿眯着，是丝丝缕缕的捉不住拉不直的模样。石头似乎要发酥呢，菊花般的苔藓亮了许多。

同样没用什么形容词。写风"丝丝缕缕的捉不住拉不直"，把看不见的风当作看得见的线；"石头似乎要发酥"是拟人，写风的柔软；"菊花般"是比喻，写苔藓的情状。

读完这句话，我曾经给同学们布置这样一个作业，把这个复句，改写成单句。如果说前面所说的补充"疑心是神鬼在那里出没"的半句话，是用做加法的方法，进行写好一句话的练习；那么，现在则是在做减法，进行写好一句话的另一种练习。这是考验大家化繁为简的能力，即面对纷乱事物或心情的时候，如何选择其中最为重要的、自己最想表达的那一点进行表达，从而锻炼自己对语言把握的聚焦能力。

同学们的讨论是不一样的，各有各的想法。最后，我将我的选择提出来，供他们参考："风暖暖地吹，石头似乎要被它吹得发酥呢。"这样做减法之后缩写成的这句话，目的是希望让大家更好地学习，找一句话的关键点，从而写好自己的一句话。这是一句因果关系的话，风和石头，两种事物，互为因果，风是主角，石头是配角，写石头是为了说明风的，因此，配角可以更换。我让同学们仿照这句话，写自己想出来的一句话，也要有两种事物，互为因果。也可以不写风，可以写别的，什么都行！同学们最后写出的句子是这样的：

　　风开始冷冷地吹，我家门前的树似乎被它吹得冻僵了呢。
　　风开始猛烈地吹，天上的星星似乎都要被它吹掉下来了呢。
　　狗开始汪汪地叫，叫得窗户跟着响。
　　妈妈开始骂我，妹妹在旁边吓得直哭。
　　……

　　都非常好。这样一句话的练习，像戏剧里的角色的设计和互换，非常好玩，也容易接受，最关键的是要加入自己生活中的那些真切的感受。这恰恰是单靠五光十色的形容词或现成的成语，所表达不出来的。

> **推荐阅读**
>
> ☆【英】罗伯特·斯蒂文森《我的影子》
> ☆ 贾平凹《商州又录》

五

怎么把一句话写得新奇

形容词和成语并不是语言十恶不赦的大敌。适当地、准确而新鲜地运用形容词和成语,有时也是必要的,可以让语言更加生动、美好。

作家池莉在散文《假如你没有吃过菜薹》里写武汉的菜薹,为形容其鲜,特意运用了现成的成语:

> 菜薹又是典型的时鲜,随采随吃最妙。它冷藏花颜失色,冰冻即坏,隔天就老,它是如此敏感与高冷,如此宁为玉碎不为瓦全。

看,"花颜失色""宁为玉碎不为瓦全"用在这里,没有显得呆板,相反,将菜薹的时鲜特点写得更为突出、鲜活。"花颜失色"和后面的"冰冻即坏,隔天就老"形成了一雅一俗的映衬;

"冰冻即坏,隔天就老"是"花颜失色"的具体解释,"花颜失色"是"冰冻即坏,隔天就老"的升华。而"宁为玉碎不为瓦全"这一成语,则成为菜薹性格的人格化的抒写,是一种拟人方法的变体。这样运用成语,显得文字有几分夸张,又有几分俏皮,透露着作者对家乡菜品的喜爱之情,令人会心会意。

余华也是在文字语言上颇有自己特点的当代作家。在他有名的长篇小说《在细雨中呼喊》中,他写主人公的父亲,有这样一句话:

浑浊的眼泪使我父亲的脸像一只蝴蝶一样花里胡哨,青黄的鼻涕挂在嘴唇上,不停地抖动。

他写一条叫"鲁鲁"的狗:

这是我第一次听到了鲁鲁的声音。那种清脆的能让我联想到少女头上鲜艳的蝴蝶结的声音。

余华如此钟情蝴蝶,两次借用了它,都非常新奇大胆,让语言充满魔力,把这两句话写得很生动,很吸引人。把脸比作蝴蝶,由狗的声音联想到蝴蝶结,而且,蝴蝶还多了"花里胡哨"的形容词的修饰。

试想一下，如果我们把这两句话写成这样："浑浊的眼泪挂在父亲嘴唇上，不停地抖动。""这是我第一次听到了鲁鲁的声音，那么清脆。"干净倒是干净了，朴素倒是朴素了，是不是觉得味道大减？这样的改写，将描写变成了陈述，去掉了蝴蝶生动的比喻，句子自然就干瘪无味了。就好像汽水里去掉了二氧化碳所形成的气泡，就和一般的甜水没有什么区别了。

余华这种近乎华丽大胆的语言和贾平凹质朴的语言呈两种风格。它说明，适当的形容和比喻乃至夸张，和朴素稚拙同样都可以把一句话写得好看，写得丰富多彩。

这种华丽大胆的、奇特的语言表达方式，需要一定的文学基础和想象力的锤炼。对于不满足于只是用质朴的方式写好一句话的同学来说，这是一种很好的学习。这不像平常在公园里的曲径通幽处采撷花草或浆果，而有点儿像深山探险，能够获得新的体验和收获，无疑，可以将一句话写得更加不同凡响。

再来举几个例子。

诺贝尔文学奖获得者诗人布罗茨基，形容英国诗人奥登家的厨房，只是一句简单的话："很大，摆满了装着香料的细颈玻璃瓶，真正的厨房图书馆。"

他形容地平线，是一句更为简单的话："这样的地平线，象

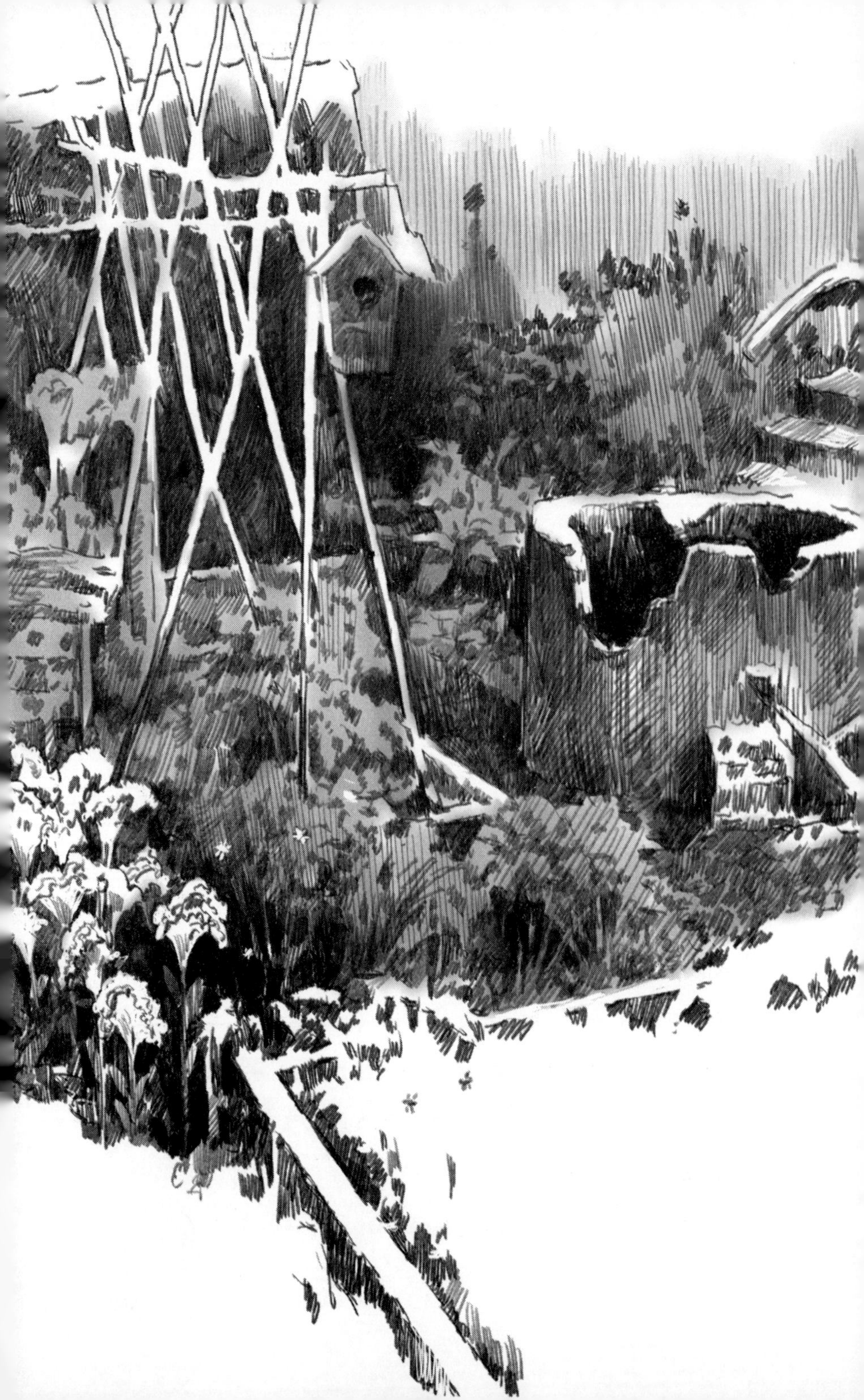

征着无穷的象形文字。"

厨房和图书馆,地平线和象形文字,完全是风马牛不相及的,他却将两者联系在一起,像两组完全不同的蒙太奇画面拼贴在一起,达到了奇异的效果,妙想天开。哦,原来地平线可以形容成象形文字,而不只是遥远的地平线和天边相连的地平线这样写实的地平线。摆满厨房里的那些调味瓶,整齐地排列成阵,不是想当然地联想到厨房做饭,而是联想到图书馆,这个跨越虽大,却也并非完全没有来由。那些调味瓶,就像书架上那一本本紧紧靠在一起的书。关键是我们为什么没有想到?我们往往看到厨房里的调味瓶,只想到了煎炒烹炸出来的美味。

作家汪曾祺在《夏天》里写井水浸过后的西瓜的凉:

> 西瓜以绳络悬之井中,下午剖食,一刀下去,喀嚓有声,凉气四溢,连眼睛都是凉的。

如果没有最后一句"连眼睛都是凉的",就是我们作文常常写到的凉;有了这一句,尽管是普通且朴素的一句,却有了神奇的效果,让凉意不仅出自井水冰过的西瓜,还可以出自我们自己的眼睛。

诗人于坚写甘薯的甜:"这盆甘薯真甜……甜得像火焰一样升起来。"

另一位诗人徐芳写街灯的暗淡："像坛子里腌得过久的咸菜。"

汪曾祺把凉的方向引向眼睛，于坚把甜的方向引向火焰，徐芳把暗淡的方向引向咸菜。注意，都不是我们习惯的方向。我们习惯的方向，是凉得透心（是心），是甜得如蜜（是味觉），是暗淡得模糊或朦胧（是视觉）。不同寻常的想象，锻造出生动奇特的句子，出奇制胜，这是非常值得我们学习的。

布罗茨基、汪曾祺、于坚和徐芳的例子告诉我们，我们在写一句话的时候，思路可以打开一些。不拘小节，天马行空，会不会把话写得更灵动飞扬一些呢？

来看我国诗人闻一多写的诗《废园》：

一只落魄的蜜蜂，

像个沿门托钵的病僧，

游到被秋雨踢倒了的

一堆烂纸似的鸡冠花上。

其实，这句诗的核心就是"一只蜜蜂落在鸡冠花上"。但如果仅仅这样写，就没什么意思，等于看到什么就写什么了。而如果我们将这首诗缩写成一句话："一只蜜蜂病了一样，落在被秋雨打湿的一堆烂纸似的鸡冠花上。"就可以看到两种比喻，两种形象，一是蜜蜂病了，一是被雨打湿的鸡冠花像一堆烂纸，将秋天颓败的景象和心情，写得别有新意。在这里，蜜蜂和病、鸡冠花和烂纸与布罗茨基所写的厨房和图书馆、地平线和象形文字一样，不挨不靠，却拼贴出奇异的画面。

闻一多在另一首诗《梦者》里写道：

假如那绿晶晶的鬼火，
是墓中人的
梦里迸出的星光，
那我也不怕死了。

同样，这核心其实也就是一句话："鬼火是墓中人梦里迸出的星光。"鬼火、梦、星光，三者不挨不靠，拼贴在这里，将阴森森的鬼火写得人间味儿浓郁，写得这样温暖照人。

一句话，看起来很简单，想写好它，却不那么简单，需要我们不断学习，寻求新的写作方法。在写作上，我国自古以来就有炼字、炼句的传统。我们想写好作文，更需要不断锤炼基本功。

更重要的是，我们要明白，写好一句话，是为了写好一篇文章，就像我们走路，一步步走得结实了，前方的路即使再长，我们也会走得顺畅，从而顺利地走到终点。

汪曾祺先生曾说："语言像树，枝干内部汁液流转，一枝摇，百枝摇。语言像水，是不能切割的，一篇作品的语言，是一个有机的整体。"他说得非常有道理，而且很生动。语言是一个有机的整体，是由一个个句子组成的，每一句话相互联系，产生奇妙的反应，才会让整篇文章活色生香。

让我们从写好一个句子开始锻炼吧！

推荐阅读

☆ 池莉《假如你没有吃过菜薹》　　☆ 余华《在细雨中呼喊》

☆ 闻一多《废园》《梦者》

第二课

从一朵花开始

一

照葫芦画瓢

前面在《看比写重要》里，我谈到了观察要先从一朵花、一棵草、一片叶、一个小动物开始。观察之后，到底应该怎么写，是需要锻炼的。怎么锻炼？可以先看看别人是怎么写的，然后照葫芦画瓢。最初的学习，一定要有榜样，学起来才会容易一些，就像小时候写大字描红一样的道理。

就先从如何写好一朵花开始吧。

看诗人李琦怎样写花，她的诗歌《大雪》里写到了菊花：

今夜我的白菊

像个睡着的孩子

自然松弛地垂下手臂

窗外　大雪纷飞

那是白菊另外的样子。

她把白菊比喻成一个睡着的孩子，因为是在夜里看到的白菊花；又用了拟人的手法，写夜里的花蔫了，"自然松弛地垂下手臂"。她觉得这样描写还不够，又增加了一个背景：大雪。"大雪纷飞，那是白菊另外的样子。"这实际还是一个比喻：白菊如雪。可如果单写白菊如雪，就显得一般化，这样的句式很常见，如白云如雪、梨花如雪，等等。但是说"大雪纷飞，那是白菊另外的样子"，白菊花就生动多了，白菊花不再只是像雪一样，只是雪的一个附庸，而和雪并列成了主角，还有了随雪纷飞的动感。

这首诗的开头，她写道：

  岁月从一束白菊开始

  每天，用清水与目光为它洗浴

  贞洁的花朵

  像一只静卧的鸟

  它不飞走　是因为它作为花

  只能在枝头飞翔

  从绽开之初我就担心

  它打开自己的愿望那么热烈

  单纯而热情　一尘不染

  它是否知道　牺牲已经开始

写白菊像鸟一样可爱，但她不是一般化地写，而是换了一种说法，说花像小鸟，只是，是不会飞的小鸟。它不飞，是不愿意飞，作为花，它只能在枝头飞翔，而不能飞到别的地方。这是一种牺牲。这不仅写了花的可爱，更将花的性情勾勒出来。

苏联作家巴乌斯托夫斯基写三色堇，这是一朵花上有三种颜色的花。看，他是这样形容三色堇的：

> 种着三色堇的花坛好像在开假面舞会。这不是花，而是一些戴着黑色天鹅绒假面具的、愉快而又狡黠的茨冈姑娘，是一些穿着色彩缤纷的舞衣的舞女——一会儿穿蓝的，一会儿穿淡紫的，一会儿又穿黄色的衣服。

简单地说，就是三色堇穿三种不同颜色的衣裳。我们如果这样写，当然也不错，可是，巴乌斯托夫斯基不满足于这样的描写，他在开头加了一句，说三色堇"好像在开假面舞会"，然后，再让三色堇穿上色彩缤纷的衣裳，还戴上了假面具。一下子，多了茨冈舞女这个特定的拟人，使得三色堇形象鲜明地出场，那三种不同颜色的衣裳，像舞会上不停在换装，多么有趣！

我的孩子四年级时写作文，写月季和百合两种花。他写月季是"一张张微笑的脸"，显然，不够生动，也不够新鲜；他写百合"像一个个酒杯，里面盛满了它们爱喝的酒——露珠"，就生动新鲜了一些。因为他先把百合比喻成酒杯,然后再说酒杯"里面盛满了它们爱喝的酒——露珠"。有了两个层次。这和巴乌斯托夫斯基写三色堇穿三种不同颜色衣裳之后,加了一句开假面舞会一样,用两重方法,进一步描写它,自然比单一的比喻要好些。

我们可以学习上面李琦的写作方法,把月季也比喻成小鸟,但不写它只在枝头飞翔,而是写它飞走了,每月又飞回来,落在枝头,啁啁鸣叫着,它的叫声就是花香。因为我们知道,月季花几乎每个月都还会再开的,要不怎么叫月季呢!

我们再学着李琦的方法这样写百合花:"洁白的雪花和洁白的百合是一对好姐妹,冬天百合花凋落的时候,纷飞的雪花替它开花。"

这样学着来描写我们要写的一朵花,是不是比较容易?先学习生动地描写一朵花,把从生活中观察到的和在书本中学到的两相结合。等写好了一朵花,再去写别的,就会有了一些方法,多了一些底气。

> **推荐阅读**
>
> ☆ 李琦《大雪》

二

尽可能多地占有

我读中学的时候,很喜欢到公园里看花,特别是公园里有花展的时候,更是星期天跑去看个究竟。我去得最多的是中山公园的唐花坞和北海公园的菊花展。我买过一个很好看的精装笔记本,来抄录作家们写各种花卉的文章的优美段落,也在里面写一些自己的看花笔记。读别人写花的文章,对我的写作帮助很大。读得越多,可借鉴的地方就越多,无论写到什么花,都可以找到范本。多积累材料,学起来,用起来,才会得心应手,俗话说得好,"宽汤煮面",才容易把面条煮熟。

茹志鹃的短篇小说《百合花》刚发表时,茅盾先生曾特别撰文分析推荐。这篇小说很是有名。小说最后一段,写新媳妇用自己的新被子盖在了牺牲的小战士身上,有这样几笔对被子上百合花的描写,我曾经抄录过,至今记忆犹新:

在月光下，我看见她眼里晶莹发亮，我也看见那条枣红底色上撒满白色百合花的被子，这象征纯洁与感情的花，盖上了这位平常的、拖毛竹的青年人的脸。

对百合花的描写很简单，就一句话，写百合花的目的，是要突出它代表着新媳妇对小战士纯洁的感情。

我还抄录过杨朔当时的名篇《茶花赋》中描写茶花的段落，写法和《百合花》类似：

且请看那一树，齐着华庭寺的廊檐一般高，油光碧绿的树叶中间托出千百朵重瓣的大花，那样红艳，每朵花都像一团烧得正旺的火焰。这就是有名的茶花。不见茶花，你是不容易懂得"春深似海"这个词的妙处的。

在这里，写茶花，用的是象征的手法，以此抒发久在异国他乡的游子对祖国怀念的"春深似海"的感情。这种以花写人抒情的象征写法，当时很流行，也是学生们热衷效法的。

如今，有人认为这样以花写人抒情的象征写法已经过时，不足为道。但其实"香草美人"是我国自古以来的写作传统，从未过时，关键是如何运用。茹志鹃的百合花和杨朔的茶花，象征的意义写得有些直白，雕琢痕迹比较明显，未能做到鸟飞天际，了无印痕。但现在，描写花的方法精彩纷呈，值得我们学习的范文有很多。

郭风先生写花的文章有好多。他能以诗的语言，简洁而富有灵性地描写南方红色的香蕉花、米黄色的荔枝花和月白色的橘子花，以及那"美丽得好像开花的土地"的榕树，等等。

我曾经抄过、背过郭风那些散发着豆蔻香味一样的散文词句：

雨点敲打着远处一大群一大群相互依偎的绵羊似的荔枝林，那林梢仿佛在冒着白色的烟雾。

云絮浮在空中，好像一只蓝酒杯中泛起的泡沫。太阳挂在空中，好像一朵发光的向日葵。

天空，明媚得好像成熟的麦穗……

他笔下的文章，完全打破了花和环境的界限，整个南方美丽如花，花也渗透进他的情感之中。所以，在他眼里，"天空，明媚得好像成熟的麦穗"；太阳，"好像一朵发光的向日葵"；荔枝林，像"一大群一大群相互依偎的绵羊"，荔枝花开的时候，"林梢仿佛在冒着白色的烟雾"……都是那样的美妙而令人向往。

宗璞的《紫藤萝瀑布》是名篇：

从未见过开得这样盛的藤萝，只见一片辉煌的淡紫色，像一条瀑布，从空中垂下，不见其发端，也不见其终极，只是深深浅浅的紫，仿佛在流动，在欢笑，在不停地生长。

　　紫色的大条幅上，泛着点点银光，就像迸溅的水花。仔细看时，才知那是每一朵紫花中最浅淡的部分，在和阳光互相挑逗。

　　这里春红已谢，没有赏花的人群，也没有蜂围蝶阵。有的就是这一树闪光的、盛开的藤萝。花朵儿一串挨着一串，一朵接着一朵，彼此推着挤着，好不活泼热闹！

　　"我在开花！"它们在笑。"我在开花！"它们嚷嚷。

　　每一穗花都是上面的盛开、下面的待放。颜色便上浅下深，好像那紫色沉淀下来了，沉淀在最嫩最小的花苞里。每一朵盛开的花像是一个张满了的小小的帆，帆下带着尖底的舱，船舱鼓鼓的，又像一个忍俊不禁的笑容，就要绽开似的。那里装的是什么仙露琼浆？我凑上去，想摘一朵……

　　这里除了光彩，还有淡淡的芳香，香气似乎也是浅紫色的，梦幻一般轻轻地笼罩着我。

来分析一下这几段。

第一段，叙述紫藤萝花总体的样子，把盛开的紫藤萝花比喻

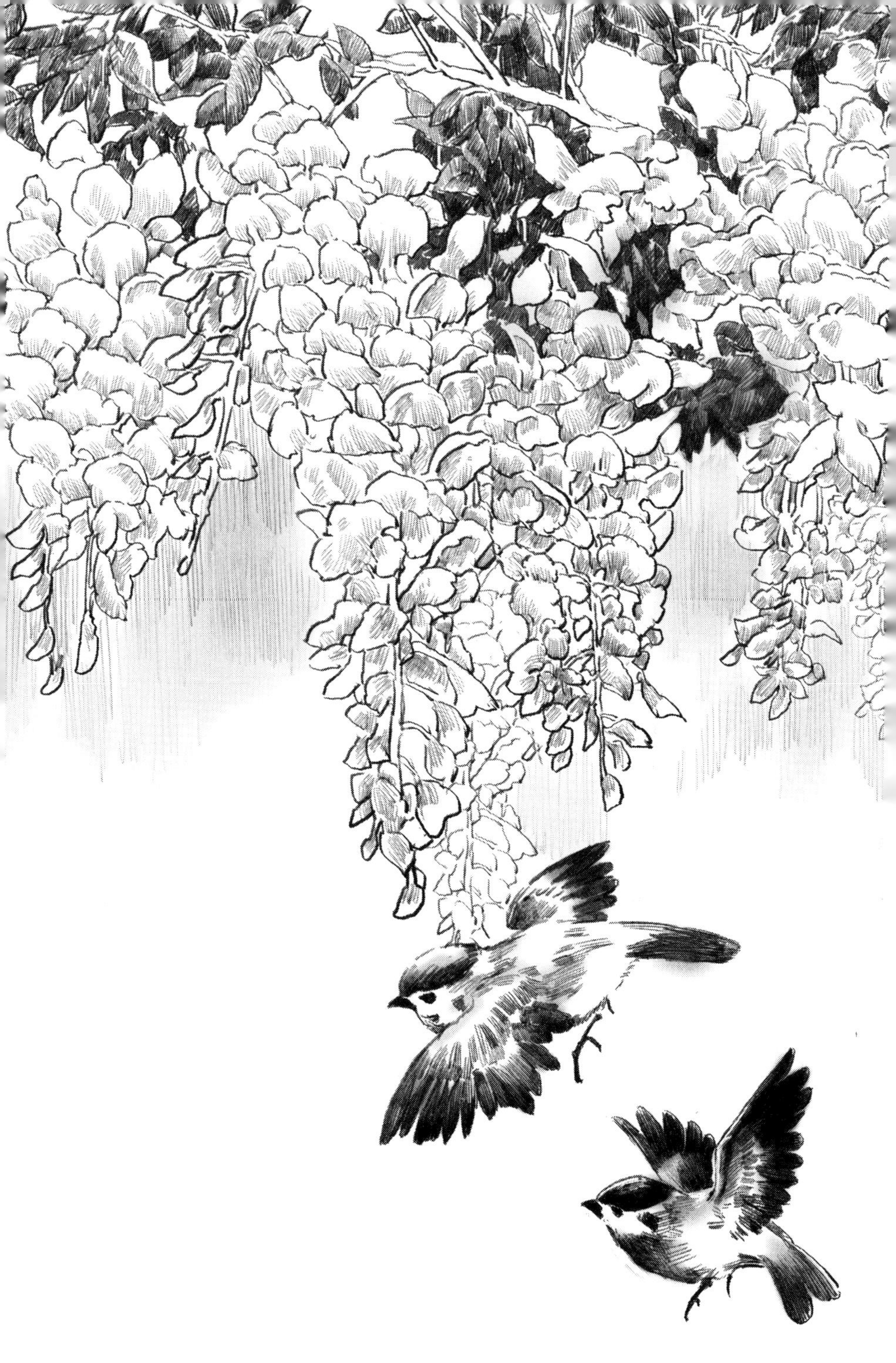

为一条瀑布。

第二段，写藤萝的紫色深浅不一，写得具体、形象。用了一个比喻，"像迸溅的水花"；用了一个拟人，"和阳光互相挑逗"。

第三段，写藤萝花开得密集热闹，让花开口嚷嚷着说话，以动写静写多。

第四段，还是写花的颜色，观察到是上浅下深地沉淀下来，用了一连串的比喻：帆、船舱，忍俊不禁的笑容，尤其是最后的笑容，化静为动。

第五段，写花的香气，以色彩写香气（以眼睛代替鼻子），运用了通感。

看，宗璞运用了多种写作的手法，多方位地抒写，方才把紫藤萝写得如此生动形象，不同凡响，并寄托着自己的感情。我们写作的时候，这些方法，不见得一股脑儿都用上，但是，若能学会其中一种或两种方法，融会贯通，显然有助于我们写作水平的提高。

看完宗璞写藤萝花的香气，再来看看日本作家川端康成在他的名作《古都》里写花的色彩，两相对读，会非常有趣：

花给空气着彩，就连身体也好像染上了颜色。

川端康成以空气写花的色彩，和宗璞以色彩写花的香气，异曲同工。我们也可以试着学习，这样写："花把天空染成了五彩斑斓的画卷""花香让空气也变得五颜六色，在我们的面前飘来飘去"……

诗人苏金伞先生，晚年写过一首诗《郁金香》，他没有写郁金香开放时的盛景，而是写了郁金香含苞待放的样子，他喜欢它的这个样子，内心渴望它能够保持这个样子，不要开放。这是一个与众不同的角度：

> 不要开放！
> ——开放就是败落，
> 开放就是空虚，
> 就这样始终
> 紧抱在一起，
> 保持着永恒的
> 童贞、童颜、童心，
> 保持着永恒的
> 和我的关系。

他没有照常规具体描写郁金香的样子，也没有描写郁金香的花香，只是抒发了对郁金香的期待，或者说是要求。其实，也是对自己的期待和要求。这种写作角度的选择是独特的，他没有走常规之路来描写,而是选择了借情感和思想的抒发来写,令人耳目一新。

作家周同宾别出心裁写花椒,他说:

> 花椒不入《群芳谱》,我却把它当花栽。风一刮,枝叶动摇,便摇出丝丝缕缕的清香,香味也淳厚,香了空气,香了阳光,香了我的思绪。每炒菜,摘一片叶,切碎放入,一锅菜便都增加了三分清香。

他没有写寻常的花,写的是花椒拥有和花一样的香气。如果将这香气写到"丝丝缕缕的清香,香味也淳厚"为止,就是一般化的描写。但他没有到这里浅尝辄止,而是增加了两步描写:一是让这香气"香了空气,香了阳光,香了我的思绪",这是香的蔓延;一是炒菜放入一片花椒叶,"一锅菜便都增加了三分清香",这是香的扩大化。

这种方法,我们可以学习。我们写花香的时候,也可以这样分两步,一步写香到周围的哪些地方,一步写香到另外更远的地方。他说香了一锅的菜,我们可以说香了一屋子的人,甚至可以说香了一整个夏天。

宗璞在描写紫藤萝花时说香如梦幻,周同宾说花椒的香是香了他的思绪。梦幻和思绪,都和香本身不搭界,但都因香而进入新的境界。我们也可以这样写，写香了我们整个童年，或者香弥漫在我们的想入非非之中，或者说希望香也能飘进思念的人的梦里。总之，我们完全可以展开想象，让香飘散到自己所能想象的任何地方，而不局限于香本身。这样，作文的方法是不是就多了起来？

邱方的《花有信，等风来——我的二十四番花信风》是一本专门写花的书，作者将南方的花写得各有风姿，写法各异。

三角梅和玉兰花，有了俏皮的性格："三角梅的脸终于有了鲜艳颜色，朝着阳光轻盈起舞。偶有几片得意忘了形，便随着春风浪去了。"

黄花风铃木风情万种："黄花风铃木在蓝天下一簇簇明艳盛放，仿佛摇着铃铛歌唱，又仿佛巴西桑巴舞女郎扭着腰肢，闪着太阳般炫人眼目的金黄，热情似火地踏歌舞来。"

宫粉羊蹄甲和红花玉蕊，则换了一种写法，让蓝天和夜色出场做背景，衬托出花的繁多茂盛、婀娜多姿："花儿在蓝天下一簇簇一丛丛，挨挨挤挤，喝醉了酒似的摇摇晃晃。""串串朱红花蕊摇曳婀娜，花枝摇动宛若被风吹动的珠帘；近看又像夜空中绽放的一朵朵烟花，点燃了这个仲夏夜。"

写腊肠花和禾雀花，运用了"风铃""蝴蝶""小精灵"作比："腊肠花，一树一树的黄花，一串串垂挂着，宛如一串串风铃，在风中摇头晃脑地歌唱；又像无数的蝴蝶在聚会，在阳光下闪着金色的光芒，又清新又俏皮。""想来'小精灵'是害怕孤独的，所以要抱团，二十三朵抱成一串，一串串吊挂在悠长盘曲的藤蔓上，远看像葡萄，近看像万鸟栖息。"

写酢浆草，不再单纯描写花的样子和色彩，而是将眼前的花和自己的感情融为一体，拓展到故乡，只要看到它，说起它，"那幅童年故乡图便在眼前展开了"。

世上的花千千万，描写花的方法也是多样的。写花的话，事先就多找找写花的书或文章，抄录其中自己所喜欢的片段，看看人家哪里写得好，自己可以学习哪一点。正所谓"观千剑而后识器，操千曲而后晓声"，占有的材料多了，看得多了，学的方法自然就多了。不仅是写花，写别的事物也一样。我们掌握了尽可能多的材料，学习了更多的写作手法之后，再下笔时，会有更多的选择，更从容些。

▶ 推荐阅读

☆ 茹志鹃《百合花》　　　☆ 杨朔《茶花赋》
☆ 宗璞《紫藤萝瀑布》　　☆【日】川端康成《古都》
☆ 邱方《花有信，等风来——我的二十四番花信风》

三

让不同的作家 PK 一下

我读作家们描写花的文章的时候,特别喜欢把不同的作家描写同一种花的文章做比较,然后自己当裁判,在心里评判着谁写得好,谁写得不那么好。当然,这只是我自己的审美喜好,或许并不准确,甚至带有偏见。但是,不要紧,这样的比较阅读,是动了脑筋、过了心的,更容易让我们接受,也便于消化和吸收。就像吃东西,每个人都有自己觉得好吃的标准,自己爱吃、多吃、吃饱、吃美就够了。

在写同一朵花,乃至其他相同的事物面前,让不同的作家PK 一下,供我们欣赏和评判,是件有趣的事情。

我读中学时,语文课本里选过鲁迅的《藤野先生》和冰心的《樱花赞》。这两篇文章都写到了日本的樱花。因为《藤野先生》重点写的是人,所以,鲁迅先生笔下的樱花写得很简单,只有一句话,用了一个简单的比喻:

上野的樱花烂漫的时节，望去确也像绯红的轻云。

冰心先生笔下的樱花要丰富得多了：

山路的两旁，簇拥着雨后盛开的几百树几千树的樱花！这樱花，一堆堆，一层层，好像云海似的，在朝阳下绯红万顷，溢彩流光。当曲折的山路被这无边的花云遮盖了的时候，我们就像坐在十一只首尾相接的轻舟之中，凌驾着骀荡的东风，两舷溅起哗哗的花浪，迅捷地向着初升的太阳前进！

冰心笔下的樱花成了"云海"，她和同伴所乘坐的车辆，便也像"轻舟"在花海中荡漾，"两舷溅起哗哗的花浪"。

鲁迅和冰心笔下的樱花呈现出完全不同的样貌和色彩。我们要从中学习的是，在描写花的时候，别忘了自己当时观花的心情。花是花，也有观花人自己的投射。

樱花是日本的国花，描写樱花的作家很多，包括日本本土的作家，也包括我国的作家。如果将所有描写樱花的文章聚集起来，数量可观。

日本作家渡边淳一《曼特莱斯情人》里写樱花：

也许太美的樱花会使人累的,可樱花就是这么拼命地表现美丽。也许有人认为它不必那么认真,可它却做不到。

相比之下,我印象更深的是三岛由纪夫在《金阁寺》写到的岚山的樱花,只有简单的一句话:

花期一过,在这片土地上,花只不过是像已故的美人的名字一样被人叫唤罢了。

这是我见过的描写日本樱花最特别的一句话。那种哀伤,蕴含了日本人对樱花一贯的审美体认,更主要的是饱含三岛由纪夫在《金阁寺》里所表达的对战后日本的失望乃至绝望的情绪。樱花,不只是他小说的主人公,也是他自己心情的一种写照。所以,我们可以看出,作家写花,往往不是单纯地为写花而写花,花和人的心情是联系在一起的。花是人心情的倒影。

同样是紫薇,看看不同作家是怎么描写的。
丁立梅《一树一树紫薇花》是这样写的:

它的花开,真是不得了的事,端的就是云锦落下来。不是一朵一朵地开,而是一树一树地开。哗啦哗啦,紫的,白的，红的，蓝的……颜料桶被打翻了，一径泼洒下来。每瓣花，都镶了蕾丝一般的，打着好看的褶子。瓣瓣亲密地挤在一起，朵朵亲密地挤在一起，于是你看到的，永远是大团大团的艳。惊艳——它是不鸣则已，一鸣惊人。

把紫薇花开的密密麻麻地挤在一起的特点，写了出来，写得很有气势。用了"云锦""颜料桶""蕾丝"这一连串的比喻。

汪曾祺在《荷花与紫薇》里，写紫薇花，也写了紫薇花开时挤成一团的茂盛繁密：

　　一个枝子上有很多朵花。一棵树上有数不清的枝子。真是乱。乱红成阵。乱成一团。简直像一群幼儿园的孩子放开了又高又脆的小嗓子一起乱嚷嚷。

丁立梅写得豪华，不惜多用比喻，偏文气；汪曾祺写得朴素多了，虽然也用了"乱红成阵"的成语，但总体是口语化，一连串短句子，干净利落。

丁立梅是把紫薇的特点集中在一个"密"字上，汪曾祺则集中在"乱"字上，我更喜欢汪曾祺的写法。"密"，是看到的紫薇客观实际的样子，客观并没有通向主观；"乱"，已经把紫薇"密"的客观特点变为自己的主观感受了。

再看比喻。丁立梅用了三个比喻，都是以物喻花。汪曾祺只在最后用了一个比喻，用人物群像和声音来形容紫薇花的乱，不仅用了通感，用声音形容花乱成一团的繁茂火爆，更是用了"幼儿园的孩子"这个别出心裁的喻体。这真有点儿神来之笔的意思，试想，如果把幼儿园的孩子换成放了学的学生，还有这样的效果吗？起码在我有限的阅读范围里，没有见过对紫薇如此精彩的书写。

仔细分析了这两个片段之后，在写花的时候，我们可以学习这样两点：一、要抓住花的特点，比如紫薇的"密""乱"，都是它的特点，抓到哪一个特点都行，抓不到特点，就只会写花开得好看、开得茂盛或芳香扑鼻之类笼统的话；二、在具体的描写中，如果用到比喻，一定要力求新鲜，要大胆想象、别出心裁，比如像汪曾祺那样，想出乱成一团的紫薇花不仅"像一群幼儿园的孩子"，这群孩子还"放开了又高又脆的小嗓子一起乱嚷嚷"。这样写，才会让我们的文章生色。

同样是栀子花，台湾作家张晓风在《栀子花》里是这样写的：

车停处有一家低檐的人家，在篱边种了好几棵复瓣的栀子花，那种柔和的白色是大桶的牛奶里勾上那么一点子蜜；在阳光的烤炙中凿出一条香味的河。

如果花香也有颜色，玫瑰花香所掘成的河川该是红色的,栀子花的花香所掘的河川该是白色的,但白色的有时候比红色的更强烈、更震人。

集中在栀子花的白色这一特点。她先写了"那种柔和的白色是大桶的牛奶里勾上那么一点子蜜",然后,又写了栀子花的花香也是白色的,这种白色的花香,"有时候比红色更强烈、更震人"。应该说,将花香说成白色的,又将其和红色的玫瑰花的花香相比,是比较新鲜的写法。我们可以学习到,在写一种花的时候,如果不好展开去写,可以拉一种别的花上阵,让两者比较,这不失为一种很好的方法。

再看汪曾祺笔下的《栀子花》:

栀子花粗粗大大,又香得掸都掸不开,于是为文雅人不取,以为品格不高。栀子花说:"去你妈的,我就是要这样香,香得痛痛快快,你们他妈的管得着吗!"

汪曾祺没有在栀子花的颜色上下笔,而是集中在花香上做文章。他的写法和张晓风写栀子花的花香不大一样,他不是让栀子花的花香和玫瑰的花香做比较,而是和文雅人做比较——还是用了比较法,只不过,拉上阵的对象不同罢了。

汪曾祺文笔依然朴素,虽骂了粗口,但很口语化;张晓风的

"在阳光的烤炙中酱出一条香味的河""栀子花的花香所掘的河川",这样的语言比较华丽、繁复。而同样说栀子花的花香,张晓风说"更强烈、更震人",是抽象的;汪曾祺说"香得掸却掸不开",则形象得多了。什么叫"掸"?我们常说掸掸身上的土,"香得掸却掸不开"意思就是说栀子花的花香浓得沾衣了,但比"沾衣欲湿杏花雨""花香袭衣"的写法更生动,更进一步,有了闻香人主观的意愿。

最后,我们再来看看琦君和郁达夫笔下的桂花,写法有什么不同。

琦君在《桂花雨》中,写的是杭州满觉陇有名的桂花:

> 念中学时到了杭州,杭州有一处名胜满觉陇,一座小小山坞,全是桂花,花开时那才是香闻十里。我们秋季远足,一定去满觉陇赏桂花。"赏花"是借口,主要的是饱餐"桂花栗子羹"。因满觉陇除桂花以外,还有栗子。花季栗子正成熟,软软的新剥栗子,和着西湖白莲藕粉一起煮,面上撒几朵桂花,那股子雅淡清香是无论如何没有字眼形容的。即使不撒桂花也一样清香,因为栗子长在桂花丛中,本身就带有桂花香。

她将桂花和栗子放在一起写，但不是把二者做比较。二者都是当地名产，本来就是相得益彰、彼此呼应的，赏花和品尝栗子羹，于是便成了秋季远足的双美节目。这样的写法很别致。栗子羹"即使不撒桂花也一样清香，因为栗子长在桂花丛中，本身就带有桂花香"。这一笔写得格外好，朴素却有韵味，格外突出了桂花的花香，弥补了前面说桂花"那股子雅淡清香是无论如何没有字眼形容的"。因为我们写文章，肯定不能只用"无论如何没有字眼形容的"来状描事物，好的文章就是要用有限的字眼，形容出来所要描写的事物，这才是语言的魅力所在。

郁达夫在他的小说《迟桂花》中，写的也是杭州的桂花，但不在满觉陇，在烟霞洞：

> 我只觉这触鼻的桂花香气，实在可爱得很。"桂花吗？""这茶叶里的还是第一次开的早桂，现在在开的迟桂花，才有味哩！因为开得迟，所以日子也经得久。""是的是的，我一路上走来，在以桂花著名的满觉陇里，倒闻不着桂花的香气。看看两旁的树上，都只剩了一簇一簇的淡绿的桂花托子了，可是到了这里，却同做梦似的，所闻吸的尽是这种浓艳的气味……"

和琦君一样，郁达夫写的也是桂花之香，但琦君写的香是

"雅淡清香",郁达夫写的香是"浓艳的气味"。浓艳,一般形容颜色,郁达夫用浓艳形容花香,很像汪曾祺用幼儿园小孩的嚷嚷形容紫薇开得乱,用的都是通感之法。这一点,很值得我们学习。我们一般多用比喻和拟人,通感用得少。偶尔用一下通感,会使得语言新鲜,能把所要形容的对象写得更加生动。

郁达夫这一段话,开头两位多日未见的老朋友对谈,说的是茶中的桂花香味。然后,引出对桂花之香真正的落笔。郁达夫写得有意思,在于他说路过"以桂花著名的满觉陇里,倒闻不着桂花的香气",到了烟霞洞,"却同做梦似的,所闻吸的尽是这种浓艳的气味",这是比较的写法,两相比较,突出了烟霞洞的桂花香。我们要注意到,前面讲过的,是将两种不同的花做比较,这里是将两个不同地方的同一种花做比较。可以看出,比较法,也是多样的。我们要多留意这些方法,以便在写作时候用。

▶推荐阅读

☆ 鲁迅《藤野先生》　　☆ 汪曾祺《荷花与紫薇》《栀子花》

☆ 张晓风《栀子花》　☆ 琦君《桂花雨》　☆ 冰心《樱花赞》

☆ 郁达夫《迟桂花》　　　☆ 丁立梅《一树一树紫薇花》

☆【日】渡边淳一《曼特莱斯情人》

☆【日】三岛由纪夫《金阁寺》

四

一朵花的心情和梦境

转益多师,在多种比较的阅读中,会学到很多写作方法,从中选择自己最喜欢的、最适合自己的方法,对自己写作水平的提高,能够起到良好的效果。

在这里,我想专门来谈一谈,如果我们写自己所喜欢的一种花,具体该如何写,才能写得生动?不少人抱怨说,他们确实很喜欢某一种花,买回家自己养也很精心,天天和花在一起,应该说是非常熟悉的,但是,具体一写,又觉得无从下笔,或者下笔几句话,就没词儿了。写喜欢某种花,总不能只写一句喜欢、非常喜欢,就完事吧?怎么把这种喜欢变成具体的文字?

我举汪曾祺先生《昙花、鹤和鬼火》中写一个叫李小龙的孩子养昙花为例,来谈这个问题,看看是否能够从中寻找到一点方法。李小龙喜欢昙花,来看看汪曾祺是怎么写的:

李小龙给它浇水，松土。白天搬到屋外，晚上搬进屋里，放在床前的高茶几上。早上睁开眼第一件事便是看看他的昙花。放学回来，连书包都不放，先去看看昙花。

李小龙上课不安心，他总是怕昙花在他不在身边的时候开。他听说昙花开，无定时，说开就开了。晚上，他睡得很晚，守着昙花。他听说常常是夜晚开。

这两段，写的都是李小龙对他养的昙花的喜欢，可是，文中没有用一个"喜欢"的词儿。这是我们要格外注意的，想要说喜欢，千万不要光说这个词儿，因为这个词儿是抽象的，别人看到再多这个词儿，还是想不出来你是怎么个喜欢法儿。

汪曾祺是怎么写"喜欢"的呢？我们把这两段拆开了仔细看，发现他写了两个场景，分别是在家里和在学校里。

在家，他写了这样几件事：白天，把花搬到屋外，给花浇水，松土；放学回家，进门第一件事是先看花；晚上，把花搬进屋里。如果仅仅是这样写，还很一般化，这是自己亲身经历过的事情，孩子们在作文中也常常这样写。

汪曾祺不满足于一般化的描写，他在放学回家先看花这件事的前面，加了一句"连书包都不放"，把看花的迫切心情写了出来。这里，如果写"放学回来，什么事情都不干，先去看花"，显然就不如"连书包都不放"这样具体，这样生动。

写晚上把花搬进屋这件事后面,汪曾祺写道:把花"放在床前的高茶几上。早上睁开眼第一件事便是看看他的昙花"。这就是喜欢。汪曾祺把喜欢写得不再抽象,而是具体、生动了。他是怎么做到的?通过写李小龙的动作,用"放""睁开眼"这样简单的动词,用动作来表现喜欢。

再看在学校,汪曾祺只写了一件事:上课不安心。他在这句话后面加了两个小缀,一是担心"昙花在他不在身边的时候开";二是"听说昙花开,无定时,说开就开了",还是担心。担心是抽象的词,这样写,就把担心具体化了。第二个担心,让担心加重,便也让喜欢加重。

在家写的是动作,在校写的是心情。这样避免了写法和内容的重复,同时从不同侧面写出对花的喜欢之情。我们再写花,或者写任何一种事物的时候,也可以从动作和心情这样两方面下笔,是不是就会觉得可写的内容多了一些?

这样写,汪曾祺还是不满足,觉得还是没有把李小龙对昙花的那种喜欢表现得淋漓尽致。他沿着白天、晚上的时间顺序,写到夜里,让李小龙做了一个梦。关于这个梦,他只写了一句"李小龙在梦里闻到一股醉人的香味"便戛然而止,让梦在瞬间结束,立刻把李小龙从梦里拉回现实——"他忽然惊醒了:昙花开了!"我相信,不会真的这么巧,梦醒了,花正好开了。但是,这样写,产生了戏剧般的效果,把李小龙对昙花的感情写了出来,也把昙花对李小龙的感情写了出来,人花彼此有了感应一样,"双向奔赴",让人惊奇,让人感动。这是一种很好的写法,我们完全可以学习,在写喜欢中加入梦,就像在可乐或酸梅汤里加入冰块一样,会给人新奇清爽的感觉。

想一想,如果是我们,在梦醒的刹那间看到花开了之后,下面该怎么写呢?我们可能会写"惊异万分""激动万分,盼望中的昙花终于开了""盛开的昙花实在是太漂亮了,比想象的还要漂亮""我在怀疑,自己是不是还在做梦呀",等等。显然,这样是不够的,也不具体形象。我们来看看汪曾祺是怎么写的:

一天夜里,李小龙在梦里闻到一股醉人的香味。他忽然惊醒了:昙花开了!

李小龙一骨碌坐了起来,划根火柴,点亮了煤油灯:昙花真的开了!

李小龙好像在做梦。

昙花真美呀!雪白雪白的,白得像玉,像通草,像天上的云。花心淡黄,淡得像没有颜色,淡得真雅。它像一个睡醒的美人,正在舒展着它的肢体,一面吹出醉人的香气。啊呀!真香呀!香死了!

李小龙两手托着下巴,目不转睛地看着昙花。看了很久,很久。

他困了。他想就这样看它一夜,但是他困了。吹熄了灯,他睡了。一睡就睡着了。

睡着之后,他做了一个梦,梦见昙花开了。

于是李小龙有了两盆昙花。一盆在他的床前,一盆在他的梦里。

写"李小龙一骨碌坐了起来"看花,还是以动作写心情。接着写"李小龙好像在做梦",依然是心情。然后,写了一大段对昙花的描写。再接着写李小龙看花,这一节最重要,也是写得最生动的部分。我们解剖一下,仔细看看,都写了些什么,又是怎么写的:

首先,分了两个层次写李小龙看花,先写李小龙"两手托着下巴,目不转睛地看着";再写他"看了很久,很久"。一个是看花的神态之专注,一个是写看花的时间之久,两者结合,勾勒出李小龙喜欢昙花的肖像画。

其次,写李小龙看花看困了。毕竟是半夜了嘛。如果只是写他困了,实在熬不住了,睡着了,显然不够。汪曾祺在写"他困了"三个字之后,写道:"他想就这样看它一夜,但是他困了。"重复讲"他困了",把困意写得更具体、更深,说明他实在是不想睡,想看一夜昙花,但是,没办法,他实在是太困了。汪曾祺没有用"实在"和"太"这样形容程度的副词,而是运用了重复的修辞方法。

再次，写李小龙睡着了之后，"做了一个梦，梦见昙花开了"。看，汪曾祺让昙花在李小龙前后两次梦中开了两次。用的方法，依旧是重复。我们也可以学习用重复，可能会达到意想不到的效果。

最后，这段文字的结尾写得非常有味道："李小龙有了两盆昙花。一盆在他的床前，一盆在他的梦里"。还是写喜欢，因为喜欢，才可以入梦，无论是梦里还是现实生活中，花都是他所喜欢的。语言非常朴素，没有任何修饰，但表达出的感情却真挚感人。

我们把这段的结尾，和几十年前杨朔的《茶花赋》的结尾"不见茶花，你是不容易懂得'春深似海'这句诗的妙处的"做比较，会发现，同样是以花写感情写心情，写法已经发生了很大的变化。杨朔的文中对茶花的感情最后升华到壮丽宏伟的抒情，而汪曾祺则于细微之处见真情。

我们写花的时候，也可以学汪曾祺，让花开两盆，一盆在窗前，一盆在梦里。

或者：一株在你的身边，一株在我的梦里。

或者：一棵在我的照片里，一棵在我的记忆里。

或者：一朵在我的童年中，一朵在我的眼前……

可以有很多变化。非常有趣，不是吗？

我们还可以得到一些启发，再写一朵花的时候，不仅是写花的样子和香味，还可以写自己看花养花的动作和心情，乃至梦境，以及由此带来的种种联想。

▶ 推荐阅读

☆ 汪曾祺《昙花、鹤和鬼火》

五

写花就是写人

以花写人和借花抒情是一样的。这里的"花"可以延伸到花草树木。在《诗经》和《楚辞》里,运用花草树木写人抒情的篇章就有很多,这也是我们的文学传统。

在这里,我举当代文学中的两个例子,来帮助我们学习如何以花写人、借花抒情。

一篇是台湾作家林清玄的《常春藤》。文中借写常春藤写一位老人。老人住在一处破旧的木板房里靠卖牛肉面为生,屋角处默默长着一株常春藤。紧接着,他不惜笔墨用了两个自然段描写这株常春藤。一处写它的颜色:"全株是透明翡翠的绿,那种绿就像朝霞照耀着远远群山的颜色。"一处写它肆无忌惮疯长的样子:"好像向天空伸出了一排厚大的手掌;除了往墙上长,它还在地面四周延伸,盖满了整个地面,近看有点像还没有开花的荷花池了。"注意,这两处描写中,用了"翡翠""朝霞""手掌"

和"荷花池"四个比喻,其中"像朝霞照耀着远远群山的颜色",还用了夸张,来用力描述常春藤。

后面,他写因为自己喜欢这常春藤,向老人讨要几株,老人给了他一大把,他回家栽种在花盆里。没想到后面台风来了,老人的木板房被吹垮,老人的一整株常春藤被吹得无影无踪。他便把自己养的常春藤给了老人一株,老人重新栽种在新搭建的木屋前。有意思的是:

老人的常春藤只随便一插,也并不见他施水除草,只接受阳光和雨露的滋润。我的常春藤细心地养在盆里,每天晨昏依时浇水,同样也在阳台上接受阳光和雨露。

然后,我就看着两株常春藤在不同的地方生长,老人的常春藤愤怒地抽芽拔叶,我的是温柔地缓缓生长;他的芽愈抽愈长,叶子愈长愈大;我的则是芽愈来愈细,叶子愈长愈小。比来比去,总是不及。

写到这里,作者一直在写常春藤,提到老人,除开端的简单介绍,只是在台风过后老人补种常春藤时,让老人说了一句话:"这种草的耐力强,一株就要长成一片了。"再未写老人的容貌性格和生活等。一直到文章最后结尾,才又写到老人,依然是只写了老人的一句话。

老人说:"你的草没有泥土,它的根没有地方去,怪不得长不大。呀!还有,恐怕它对这块烂泥地有了感情呢!"

林清玄把绝大部分的笔墨给了常春藤,写老人的主要只是这两句话。这种繁简对比的写法,是有意为之的,就像有的画作,把人物放在风景之中很小的一个位置,只是一个剪影或背影,绝大部分的画面让位给风物,以此烘托人物。这一篇的重头戏给了常春藤,但他所要表达的意思,已经清晰地传递给了读者——既有对老人人生况味总结的赞同,也有对底层人顽强生命力的礼赞。

史铁生的《合欢树》,写法和《常春藤》完全不同。

《合欢树》,以合欢树写母亲,写他成长过程中尤其是瘫痪之后母亲对他的爱,以及他对母亲的愧疚之情。《合欢树》前面绝大部分的笔墨都是在写母亲,是自己十岁和二十岁不懂事的时候的母亲。一直到文章最后,才写到了合欢树,也没有怎么描写合欢树开花的具体样子。

他写到合欢树的时候,母亲已经去世多年。重回故地,老街坊提起他家房前母亲种的合欢树已经长大,正在开花,他才想起了这株合欢树:

没料到那棵树还活着。那年,母亲到劳动局去给我找工作,回来时在路边挖了一棵刚出土的小苗,以为是含羞草,种在花盆里长起来,竟是一棵合欢树。母亲从来喜欢那些东西,但当时心思全在别处。第二年合欢树没有发芽,母亲叹息了一回,还不舍得扔掉,依然让它长在花盆里。第三年,合欢树却又长出叶子,而且茂盛了。母亲高兴了很多天,以为那是个好兆头,常去侍弄它,不敢再大意。又过一年,她把合欢树移出盆,栽在窗前的地上,有时会念叨,不知道这种树几年才开花。再过一年,我们搬了家。悲痛弄得我们都把那棵小树忘记了。

他没有对树本身进行描写,重心放在这两方面上:一是母亲如何把这样一株像草一样弱小的树苗养大的过程,这过程中寄托着母亲对儿子病好的希望和爱;二是他自己的愧疚,因为"悲痛弄得我们都把那棵小树忘记了"。我们便明白了,把合欢树放在后面写,并不是有意为之,而是生活中的实情。如此在多年遗忘中出场的合欢树,更体现了史铁生对母亲的愧疚之情,由合欢树而来,也由合欢树表达。合欢树与母亲融为一体,多么自然妥帖,又是多么动人。

第一次写到合欢树的时候,通过老街坊的嘴,史铁生写到这样一个细节:后来住进他家的新生婴儿,总是瞪着眼睛看窗户上合欢树的影子。这个细节很重要，它增添了合欢树里面作者的感情色彩和读者的想象空间。即便他坐在轮椅上，已经无法进那个弥漫着他自己童年和母亲身影的院子了，想到合欢树，想到母亲，也便想到了这个细节，这让他在文章最后这样抒写：

> 我摇着车在街上慢慢走，不急着回家。人有时候只想独自静静地待一会儿。悲伤也成享受。
> 我想有一天那个孩子长大了，会想起童年的事，会想起那些晃动的树影，会想起他的妈妈，他会跑去看看那棵树。但他不会知道那棵树是谁种的，是怎么种的。

为什么要这样结尾？这是我们读完《合欢树》后，需要思考的问题。明白了这一点，我们才能体会这篇文章的写作方法之妙。

我的理解，有这样两个方面：一是当老街坊告诉他，他母亲种的合欢树已经长大开花的时候，他是可以进院子看看的，可是，他没有去，现在，彻底进不去了，看不到母亲种的合欢树了，他有些后悔，增添了对母亲的愧疚之情；二是通过对新生婴儿的想象描写，给合欢树增添了新的韵味，超越了仅仅是对母亲怀念和愧疚的基本主题书写。在这里，他写婴儿不会知道那棵树是谁种的，也是在叩问自己。

对照林清玄的《常春藤》和史铁生的《合欢树》两篇文章的

不同写法，我们可以从中学到两种写作方法：一种是把笔墨集中在所要描写的花草树木上，以此衬托要写的人物；一种是不把笔墨放在所要描写的花草树木上，而是在最后点到为止，重点放在对人与事的描摹上，让花草树木与人物气息相通，遥相呼应。

自然，两种写法，各有好处。《常春藤》用力较猛，结尾总结是刻意为之；《合欢树》朴素自然，结尾别开生面，余味悠长。《常春藤》的写法像一支轻音乐中的小品；《合欢树》的写法更厚重一些，如一支回旋曲。

再举个例子，邱方的新书《花有信，等风来——我的二十四番花信风》中，写到了朱槿和桂花两种花，也是以花写人，托花抒情的。看她是怎么写的：

> 说到朱槿，记得有一年我过生日，睡在我上铺的吴洁一声不响地背着她的破军用书包，趁着月黑风高，溜进某一位教授的庭院里，摘了一朵娇艳异常的朱槿回来，插在一个写满诗的信封里，郑重其事地递给我，祝我生日快乐！后来发现她膝盖又红又肿，一问，才知道她摘花时被发现，她一边捏着鼻子学牛蛙叫，一边慌不择路地逃跑，结果摔了大大一跤。（《我在每个春天数她的花朵》）

秋夜，门前的桂花树飘香时，每次给家里打电话，她总是在门前桂花树下与邻居聊天，有时候在电话里都忍不住赞叹："那桂花，真香啊！"桂花飘香，惠风和畅，父母安宁。这是让我安心的家。然而，这样的画面却没能一直到地老天荒。我在楼上的窗口悄悄看着母亲，她病瘦的身影，和那两棵桂花树，让我的泪，潸然而下。早已习惯，每次回家离家，父母都在桂花树下等候和道别；早已习惯，再见了又再见。不敢想象有一天，桂花树还在，母亲会不在。（《我曾用整个四季，陪着你慢慢走》）

朱槿写的是朋友，桂花写的是母亲；朱槿写的是友情，桂花写的是亲情。除了一句写朱槿"娇艳异常"和一句写"桂花树飘香"外，没有再多一句的描写，重心是人，花只是所借的景。可以设想，如果没有朱槿和桂花，只写一般的生日礼物和单纯的母女分别，还能这样写出友情的清纯和亲情的浓郁吗？

以花写人抒情，有很多种表现形式。我们可以多方位学习，仔细琢磨。作家师陀曾写过一篇小说《桃红》，桃红，就是凤仙花，俗名叫指甲草。小说写的是一个叫素姑的始终未能嫁人的老姑娘寂寞的一天。桃红，只是在小说的开头出现过一次，而且，只是简单的一句：

现在素姑正是坐在院子里,在右边,在素姑背后远远的墙角上,有个开始凋零的丝瓜棚;在左边,客堂的窗下,靠近素姑的是个花畦,桃红——就是果园城人给凤仙花取的名字,少女们种了预备来染指甲的——现在在开它们最后的花朵。

小说的名字却叫《桃红》,显然,桃红在小说中的作用很重要。但直至小说结束,桃红再未出现。我们读完小说之后,再来重新看小说开头这句话,桃红"在开它们最后的花朵",会感到这个老姑娘的日子过得确实是太寂寞了。这种直接以花衬托人物人生与心情的写作方法,虽然较难,也是值得学习的。

▶ 推荐阅读

☆ 林清玄《常青藤》 ☆ 史铁生《合欢树》 ☆ 师陀《桃红》

第三课

怎样把事写生动

一

从馋说起

学生时代,老师在我的作文本上写的评语中,最常出现的是"写得不够生动",或者是"如果能写得再具体一些就更好了"。什么叫生动呢?怎样才能写得具体又生动呢?这是我常常困惑的问题,也是我们在写作时最需要解决的问题。

我们在面对应试作文的时候,常常更加重视主题,围绕考题的中心去写,不能跑题。主题是作文的首要问题,抓住了主题,起码可以拿到一个正常的考试分数,而不至于分数过低。

但是,过度关注应试策略应试技巧,常常容易忽视作文的真谛。我们为什么要设置一个作文课?作文课除了应付考试之外,还应该是我们书写对这个世界和生活的认知、表达情感和理想的方式。缺乏了生动这一点,作文就失去了表情,乃至失去了血肉,这样的话,就是有再好的主题和臃肿的材料,也帮助不了作文本身的。要想写好作文,我们必须重视这个问题,找到如何把作文写生动的路径和方法。

我先举例来试验一下，看看能不能够帮助大家寻求到一点儿门路。这个例子不宜过大，最好先从小的切口入手。比如说一个人嘴馋，如果仅仅说这个人特别馋，非常馋，馋得直流口水，一句话带过，即使用再多的副词或形容词，也只是程度上的馋，概念上的馋，显然不是最好的表达方式，不会给人留下深刻的印象，就不够生动。

怎么才能让这种馋，变得生动一些呢？

我读中学的时候，读到刘真的短篇小说《核桃的秘密》里，发现她是这样写馋的：

> 我到现在也不明白，为什么我小时候那么嘴馋呢？就是云彩上掉个雨点，我也伸出舌头接几个尝尝。那时候，农民的日子艰苦，一年四季，只有等到八月十五的晚上，我才能吃上一个梨。就这样，我也有办法让自己的嘴不闲着，什么甜味的草根、野杜梨、黄麦穗，还有一种叫江米包的草子儿，野外所有能吃的东西，我都吃过。如果捉到一只麻雀或蝈蝈，就放在锅底下烧烧吃。秋天一要刮大风，我就非常喜欢，有许多红枣要从树上掉下来，我急忙回家拿出我的小篮子，到枣树下去等。

读完这一段，我们都会觉得这个孩子可真是够馋的，刘真把一个小孩子的馋写得生动到位。她用了些什么方法呢？她不是仅仅说一个"馋"字了事，而是一口气罗列了下面一系列的事情来说馋：伸出舌头接云彩上掉下的雨点；野外所有能吃的东西都吃过，从来不闲着；捉麻雀或蝈蝈烧烧吃；等着风吹落的红枣吃。

看，一口气说了这样四种馋法，而且，如层层剥笋一样，把馋一层层地剥出来，一层比一层馋。最后，枣还没有从树上掉下来，就开始拿着小篮子在树下眼巴巴地等着了，实在是够馋的了。这样用多个事情，且这些事情是层层递进的，这个馋，自然就说得生动了。这样的方法，值得学习。为了让一件事物生动起来，我们也可以多写相关的几件，层层递进。

这还不算完呢，她接着又写道：

> 有一次，我听邻家小凤子说，土蜜蜂肚子里，有一个小小的蜜蛋儿。我想：世界上最甜的东西一定就是蜜吧？我下了半个月的工夫，才捉到一只土蜜蜂，我刚一动它的肚子，它就厉厉害害地蜇了我一下。我疼得直钻心，偷偷哭了半天，也不敢对妈妈说，怕她骂我是馋猫呢。就从这，我再也不想知道蜜是什么味道了。

看，她又补叙了吃土蜜蜂肚子里的蜂蜜挨蜇的特殊经历，进一步形象地说明她的馋。挨蜇，使得馋有了更深刻的印象，更生动的说明。在这里，她用的不再是罗列事件来说馋了，而是集中写一件事，稍微展开一些，有描写，有形象，有心情，有动作，这个馋自然也就被写得格外具体生动了。这样的方法，也值得学习。

一个小小的"馋"字，在刘真的笔下，竟然可以铺铺展展说了这么多的事，有略写，有详写。这样一来，就把一个抽象的"馋"字，化作了好几件有趣的事情，好比画了好几幅插图来辅助说明，当然就比仅仅说"特别馋""非常馋""馋得直流口水""简直就是一个小馋猫"等，要高明了许多。

张洁的散文《挖荠菜》也写到了"馋"，看看张洁是如何写的，和刘真的写法有什么相同，又有些什么不同。

她在文章开头也和刘真一样，用了一句话写小时候自己馋。然后，她不仅正写怎么馋，还借助他人之口，来进一步写出这个"馋"字：

> 小的时候，我是那么馋！刚抽出嫩条还没打苞的蔷薇枝，把皮一剥，我就能吃下去；刚割下来的蜂蜜，我会连蜂房一起放进嘴巴里；更别说什么青玉米棒子、青枣、青豌豆喽。所以，只要我一出门儿，碰上财主家的胖儿子，他就总要跟在我身后，拍着手、跳着脚地叫着："馋丫头！馋丫头！"羞得我连头也不敢回。

可以看出，起初，张洁和刘真几乎用了同样的方法，具体罗列几件事，反复来描写自己孩提时代的馋，是怎么个馋法。她们都调动了自己童年的回忆和生活的积累，并非凭空瞎想。这些罗列的事情，直泻而下，像电影里快速闪回的一组镜头，紧促有力地诉说了自己的馋是什么样子，什么程度，让一个普通的"馋"字，也有了力度和强度。

比如，张洁在罗列吃的这些东西的时候，是正面地具体地描写"馋"：吃蜂蜜，居然"连蜂房一起放进嘴巴里"；吃刚抽出嫩条、还没长出花蕊的蔷薇花梗，"把皮一剥，我就能吃下去"；青玉米棒子、青枣、青豌豆，这"青"，是说还没熟就被"我"吃下去了。显然，这些具体描写，像添上了翅膀一样，让馋更加生动，可以灵舞飞扬了。这是我们尤其需要注意学习的方法。

后半段借助他人之口，是侧写，是迂回的写法，就像写天黑，先不写天怎么黑，而是先写夜风怎么凄厉，自己怎么害怕，反衬出天怎么黑。张洁在这里从正面、侧面两方面的生动的场景，先声夺人，衬托出一个"馋"字，引人入胜。

> ▶ 推荐阅读
>
> ☆ 刘真《核桃的秘密》　　☆ 张洁《挖荠菜》

二

以枣为例

把作文写生动的方法,有很多,需要我们一步一步地学习、掌握。在这样的学习过程中,读别人的文章,尤其是像读刘真和张洁同样是写"馋"这样类似的文章时,注意彼此的相同点和差异点,会是很方便而且有益的方法。俗话说,变戏法的瞒不过筛锣的,我们要细致而敏锐地找到这些相同点和差异点,才能够照葫芦画瓢,然后化为己用。这样的学习,是很重要的。

比如,我们来看同样写枣,张炜和李娟分别是怎么写的。

张炜《我的原野盛宴》里这样写:

越往北,林子越密,高大的树木中间是矮小的荆丛,还间杂着一些酸枣。通红的枣子闪着亮光,在绿叶中特别显眼,好像在对我说:"还不快摘一颗?"我摘了许多,枣子又酸又甜。

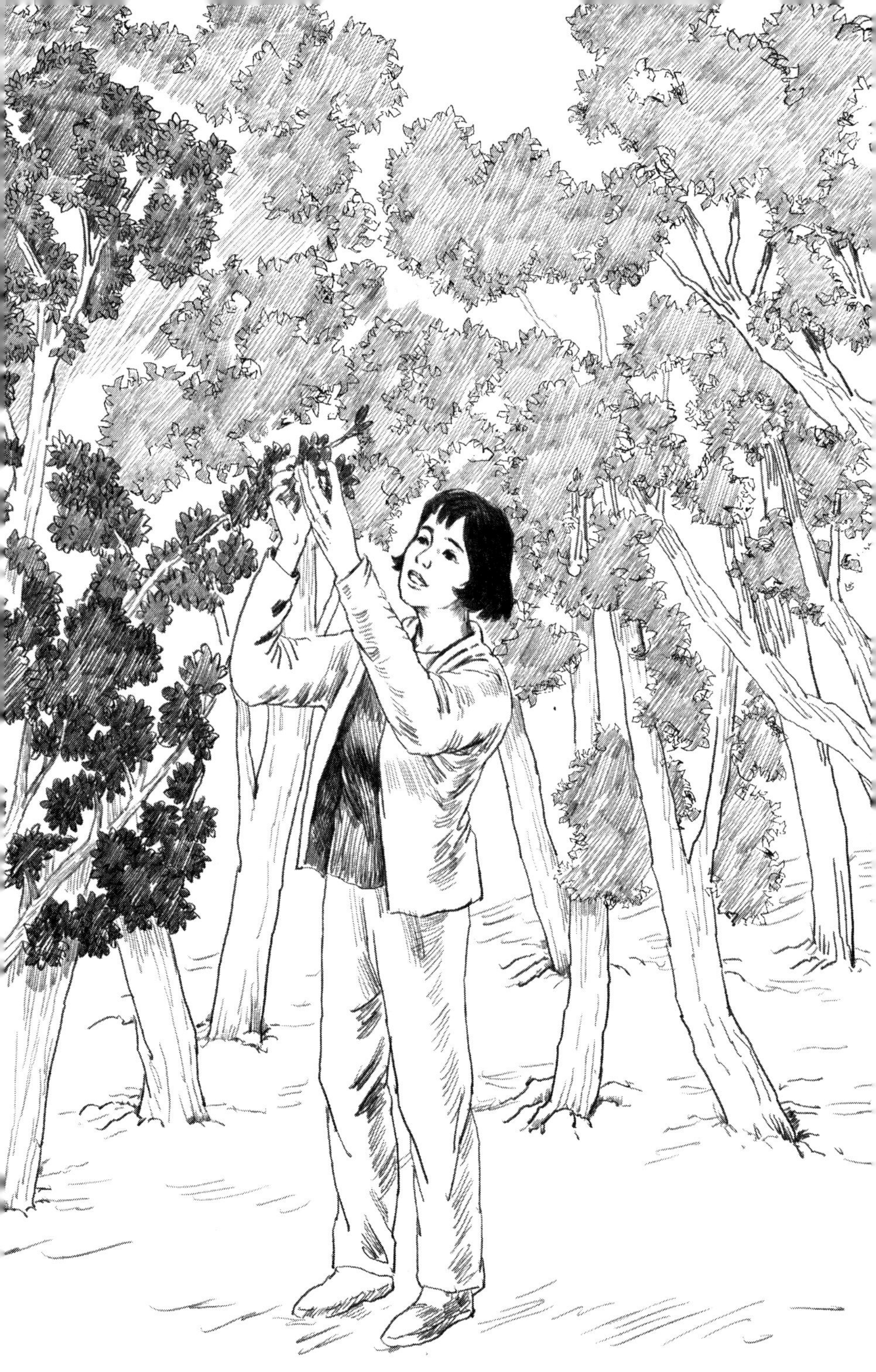

李娟的《沙枣》这样写：

当我独自穿行在沙枣林中，四面八方果实累累，拥挤着，推搡着，欢呼着，如盛装的人民群众夹道欢迎国家元首的到来。我一边安抚民众的热情，说"同志们好！同志们辛苦了！"一边吃啊吃啊，吃得停都停不下来。吃得扁桃垂体都涩涩的。似乎不如此，便无以回报沙枣们的盛情。

同样都是写枣好吃，张炜只用了一个拟人，让枣说话，简洁明了。李娟却用了多种方法，不厌其烦地叠加说着沙枣的好吃。这里不仅有拟人，还有夸张。这样形容沙枣，她还觉得不够，接着写她与沙枣们的互动，一边安抚地和沙枣们对话，一边自己不停地吃啊吃啊。她还风趣地不说是自己的馋嘴，反倒说是"不如此，便无以回报沙枣们的盛情"。这样近似插科打诨的尽情的描写，让我们都仿佛感受到了沙枣是真的好吃。

李娟的描写更像是一幅由作者"我"参与其中的沙枣林的画面，甚至如同一出"我"和沙枣们共同演出的妙趣横生的小品。我们完全可以学习她这种写法，不要只用了一句比喻或拟人就万事大吉，还可以进一步写下去，用夸张（"如盛装的人民群众夹道欢迎国家元首的到来"），用对话（"同志们好！同志们辛苦了！"），用动作（"吃得停都停不下来"），用心情（"似乎不如此，便无以回报沙枣们的盛情"）……让所要描写的对象，一步步深化，呈现多维立体的形象，自然就会生动多了。

再举个例子，前面曾提到过迟子建的长篇小说《烟火漫卷》，她在形容书中女主人公头发上的装饰的时候，有这样一句描写：

她的黑而直的长发，通常用各色手帕，随意扎成马尾辫，像是献给自己的一束花。

我想到了曾经读过的马塞尔·帕尼奥尔长篇小说《我父亲的光荣》，也写到一个女人，小主人公姨妈头发上的装饰：

帽子上缀着一只长着蓝色翅膀的小鸟，仿佛在孵化她的发髻。

一个比喻成"像是献给自己的一束花"，一个像小鸟"仿佛在孵化她的发髻"，都非常生动。可以设想一下，这两句话，如果没有最后的比喻，只是写成"让头发显得那么漂亮"，还会这样生动吗？

"像是献给自己的一束花"，已经很生动了，把花手帕比喻成花,我们也可以想象得到。后者,帽子上缀着的一只小鸟,其实也并不新鲜,是常见的装饰,但是,写成了她的发髻仿佛是这只小鸟孵化出来的,就简直令人拍案叫绝了。小鸟怎么可以孵化出发髻呢?可是,在这里,居然就好像孵化出姨妈的发髻来了!这种联想很奇特,但又符合孩子天真的想法,可见,我们想写得生动,不必墨守成规,照着一般的写法去写,一定要充分调动自己的想象,写出让人惊艳的话来。

马塞尔·帕尼奥尔是法国著名作家,法兰西文学院院士。《我父亲的光荣》是他的"童年三部曲"的第一部,被誉为法国优秀的三十部长篇小说之一。它是以孩子为视角的第一人称写的小说,书里以孩子的眼光看待事物的精彩描写之处有很多,特别适合孩子读。我们来看看。

比如写到"我"的父亲讲到他喜欢的昆虫,"我"听来觉得非常生动:

我父亲讲到了昆虫,讲得那么生动,以至一觉醒来还在朝蜈蚣、蚱蜢和蝎子开枪。

这是对写作中"生动"现身说法的最佳范例之一了。不仅梦里,"一觉醒来还在朝蜈蚣、蚱蜢和蝎子开枪"。想想看,如果我们听了一个故事,或者有件事情令我们兴味盎然,或者我们想念一个人,是不是在写的时候,也可以让自己梦里有它(他或她),一觉醒来眼前还都是它(他或她)的影子呢?这样写,是不是会令自己的文章生动起来?

再看另一处,写"我"跟着父亲进山打猎,路上走得很辛苦,父亲告诉"我"就要在这山路上修有轨电车了:

> 听父亲这么一说,我仿佛看到铁轨从草丛里跃起,嵌进铺石路面,而远处响起有轨电车驶来的低沉的隆隆声……

写法和前面的不大一样,前面写的是梦醒之后错觉里的情景,这里写的是想象中的情景,以此来表达对有轨电车的渴望。看,我们是不是又学到一招儿?

再看下面这一段,"我"和表弟进山后怕山高林密不便于联系,就商量用个联络信号,"我"学鸟叫,表弟则用:

> 郊狼嘶哑的嗥叫来回答我。他学得十分不像,是因为没听过郊狼是怎么叫的,所以他学的是女面包商的狗,那是一只无端狂吠的小癞皮狗。它有时还朝我们的短裤后裆直蹿。

看,写得多么充满童趣。学狼叫—却从未听过狼叫—学的是女面包商家的狗—这狗还是癞皮狗—有时还咬我们。一波五叠,将简单的学狼叫写得有了如此丰富的内容,每一项内容,都可以引起我们的联想而令我们忍俊不禁。

我们也可以学习这样的方法呀,学不了一波五叠,学两叠也好。比如说有个同学调皮,总爱在晚自习后,在从学校回家的路上学狗叫吓唬人,我们就可以这样写:

他学的狗叫一点儿也不像,装出的声音太粗,嗓门不高,倒像是老鸹叫。还是一只有点儿伤风的老鸹。

这样写,是不是有点儿生动了?

在这部《我父亲的光荣》的小说里,写得最有意思的一段,是写"我"的父亲进山打猎,开始被人瞧不起,后来发生反转,被人赞誉是有"国王枪法"的神枪手。因为最后父亲用一杆破枪,两枪连发,连续击中了普罗旺斯最难以击中的林中鸟王——两只霸鹑。

在这样一段精彩的描写之后,下面紧接着要写的一段,如果让我们来写,该怎么写?我们可能会写父亲激动万分,"我"跟着父亲一起兴奋异常,把这一对战利品拿回家,所有人都不相信,居然是父亲双双命中普罗旺斯最难以击中的林中鸟王!一时间传为佳话。

一般,我们会这么写。而且还会觉得自己写得不错,沾沾自喜。

那么,来看帕尼奥尔是怎么写的:

在这段描写之前,他特意写了当中学教师的父亲的同事阿尔诺先生的一件往事,作为这段描写的铺垫:

  钓鱼迷阿尔诺先生钓到一条大鱼,照了一张和这条大鱼的合影,把照片带到学校显摆他的战功。当时,父亲嘲笑阿尔诺先生:"让人把他和一条鱼照在一起,哪里还有什么尊严?在一切缺点中,虚荣心无疑是最滑稽可笑的了!"

接着,他写父亲也情不自禁地和霸鹑合影,记录下自己的战功。而且,像阿尔诺先生一样,也准备将照片带到学校去显摆显摆。在和霸鹑合影之前,还有一段精彩的描写:

  我发现父亲放弃了他那顶新鸭舌帽,换上了一顶栗色的旧毡帽。他说:"因为太阳光有时透过眼镜,照得我眼花缭乱。"但是,我注意到毡帽的周围有一圈饰带,他在这圈饰带里插进了两根漂亮的红羽毛。那是"国王枪法"两发连中的象征和纪念。

这里写到父亲换的旧毡帽——毡帽上有一圈饰带,饰带里插进了父亲击中的霸鸭身上的两根漂亮的红羽毛。又是环环相扣，充分运用了这顶旧毡帽，把父亲最后骄傲的心情，写得淋漓尽致，写得生动风趣。我们可以想象得到，父亲将戴着插有红羽毛旧毡帽的这张照片带回学校，该是什么样的情景！阿尔诺先生看到了，又该是什么样的表情！

这就是生动。生动，就应该像这样去写。借助于阿尔诺先生的对比，借助于插有红羽毛鸭舌帽的衬托，让父亲骄傲的心情，有了眉眼都会动的形象化的表情。

▸ 推荐阅读

☆ 张炜《我的原野盛宴》　　　　☆ 迟子建《烟火漫卷》

☆ 李娟《沙枣》☆【法】马塞尔·帕尼奥尔《我父亲的光荣》

三

多留意身边熟悉的

多注意我们身边熟悉的事物，是我一直以来所特别强调的。这是因为如果连身边熟悉的事物，都没有足够关心和留意，那么，那些我们根本不熟悉的，印象就更浅，就更难下笔，即使勉强下笔，也只能写别人写过的而已。

平常多注意熟悉的事物，多留心看几眼，想一想，问一问，如果自己来写，该怎么写？这样，我们读到别人写的我们熟悉的事物的时候，就会格外注意。就如同我们在公园里或大街上忽然遇到了熟人，会格外兴奋，尤其会注意，还会站住交谈。有了这样相同的体验和关注，再看看别人是怎么写的，从中学点东西。

韩少功的《山南水北》中有些篇章，就写了很多我们身边熟悉的事物，特别是他对于乡间菜蔬的描写，写得真是非常鲜活可爱，相信大家读后能够心领神会，从中学到很多写作方法。

比如，他看见丝瓜挂在电线杆上，有这样的一段描写：

有时候,瓜藤长袖飘飞,羽化登仙,一眨眼就缘着一根电线杆攀向高高蓝天,在太阳或月亮那里开花结果,让你搬来椅子再加上梯子,仍然望天兴叹,你看见一条弯弯的丝瓜挂在电线上,像电信局悬下来一个野外的话筒:刚才是谁在这里通话而且是与谁通话?或者说这么多话筒从瓜藤上悬下来,从土地里抛撒出来,一心想告知我们远古的秘密却从来无人接听?

如果我们来写,写成这样:

有时候,瓜藤长得很高,一眨眼就缘着一根电线杆攀向高高蓝天。你看见一条弯弯的丝瓜挂在电线上,让你搬来椅子再加上梯子,干着急,也够不着它。

应该说,写成这样,也算不错,把丝瓜攀高的情景写得很清楚,而且,还写出了自己想够着丝瓜的心情。但是,我们把这段描写,和韩少功的描写比较一下,就会清楚地发现,哪一个描写更为生动。那么,为什么我们写的不够生动?韩少功写的好在哪里?

首先,我们看,瓜藤在"缘着一根电线杆攀向高高蓝天"前面,有"长袖飘飞,羽化登仙"八个字的修饰。用的是拟人,把瓜藤比成了神仙,这样一来,丝瓜便变身为神仙飞天了,自然就比我们只是说瓜藤缘着电线杆攀高要生动了。

接着,他写"一条弯弯的丝瓜挂在电线上"的后面,添加了"像电信局悬下来一个野外的话筒"这样一个比喻;还不满足,后面又加了一句"是谁在这里通话而且是与谁通话"。这用的是什么方法呢?为什么要再补充这样一句?哦,原来他用的是想象的方法,悬下的话筒,让他想象出刚才有人用这个话筒在打电话呢。看,这样一来,是不是就比单写话筒从电线杆上悬下要生动?因为话筒悬下,只是眼前的实景,而猜测有人刚才在打电话,变成了一幅用想象涂抹的画面了。

下面,他接着写道:"这么多话筒从瓜藤上悬下来,从土地里抛撒出来,是一心想告知我们远古的秘密却从来无人接听?"用的是拟人的方法,拟人,让丝瓜有了心,有了秘密,想要倾吐出来,而且等待人来接听。看,同样是拟人,却富有层次,充满想象。是不是比写成"一条弯弯的丝瓜挂在电线上,像电信局悬下来一个野外的话筒,好像刚才有什么人在这里通话,在说些什么悄悄话"要更生动些了呢?我们是不是能从中悟到一些方法呢?

再举一例。我国东北有黑龙江、松花江和乌苏里江三条江,东北人对于春天的开江都非常熟悉,就像江浙人对于秋天的钱塘江潮非常熟悉一样。看迟子建在《烟火漫卷》里描写松花江开江时的情景：

倒开江极为壮观，奇形怪状的冰块赶庙会似的，奔涌向前。它们有的像热恋中的情人，在激流中紧紧相拥；有的则如决斗的情敌，相互撞击，发出砰砰的声响，仿佛子弹在飞。

如果我们写成"倒开江极为壮观，奇形怪状的冰块，奔涌向前，互相撞击，发出砰砰的声响，真是激动人心"，显然，就不如前者生动了。那么不生动的原因在哪里呢？仔细比较，我们就看得十分清楚：少了一个"赶庙会似的"的比喻；少了一个"像热恋中的情人，在激流中紧紧相拥"和"如决斗的情敌，相互撞击"的两个拟人；少了最后"发出砰砰的声响，仿佛子弹在飞"的又一个比喻。

看，少了几个修辞，我们写的句子就不生动了。这样的修辞方法，难道我们不知道吗？不会用吗？都知道，都会用，只是在具体写作的时候，我们忘记了，或者说不知道如何用才好了。这里，迟子建为我们做了榜样，在描写我们熟悉的事物的时候，运用必要的修辞方法，会起到立竿见影的效果。

我们接下来再来看看迟子建描写她所熟悉的哈尔滨夏日的雨。雨或雪也是我们所熟悉的，这样的景物描写范例，对我们的学习是十分必要的：

> 哈尔滨夏日的雨，与这儿的人脾性很像，下起来格外爽利，绝不拖泥带水。在这雨水旺盛的季节，乌云在空中四处做巢，妄图抹黑蓝天。但闪电一旦驾临，乌云构筑的看似坚不可摧的堡垒，在闪电的利剑面前，立刻土崩瓦解。夏季的雨不像秋雨和春雨那般缠绵，它下得豪迈，有点气吞山河的气势，带来难得的清凉。但闪电与乌云战斗过猛的话，雨势过大，也易形成内涝。城市低洼处、立交桥下、地下车库等，在瞬间成了泽国，这时的排水、交通和应急排险部门是最忙碌的。

要注意的地方是，她首先把雨拟人化。这是前提，我们完全可以学习这种写法，这是最常见也是最容易写到的方法。她说"哈尔滨夏日的雨，与这儿的人脾性很像"，我们也可以把要写的雨或雪比成自己身边的人的脾性，比如"江南的雨，与这儿的人脾性很像，下起来总是缠缠绵绵不断"。比如"戈壁滩的雨，与这里人的性格很像，总是毫不掩饰地表露出自己的喜怒哀乐"。

其次，她说"乌云在空中四处做巢"，才有了后面凸显的闪电的作用。如果只是写"乌云翻滚"，闪电出场的作用便显现不出来。"乌云构筑的看似坚不可摧的堡垒"和"闪电的利剑"如一对冤家对阵,共同演绎了精彩的好戏。

最后,写的是暴雨成灾,这一段是实景具体描写,我们可以看看。我们重点学习的,是前面的描写。我们再写雨或雪的时候,便有了方法,能够写得更加生动一些。

四

不能只注意描写事物的外表

这一次,我举《萝卜》为例。这篇文章短而生动,作者董改正。他写萝卜,完全摆脱了一般化的叙述或简单的知识性介绍,将萝卜的生长过程拟人,融入了对萝卜的理解和感情,既生活化,又富有文学性。如何将萝卜这样我们都非常熟悉的事物写得生动耐读,无疑这是一篇好的范本。

作者写了萝卜生命的四季,从春天写到霜雪过后。如果我们把这篇文章和汪曾祺先生的《葡萄月令》一起来对照着读,会非常有意思。一个极尽拟人,一个多为白描,两种方法,各尽其妙,会让我们会心、领悟很多。有兴趣的不妨一试。

我们来看一下这篇《萝卜》是如何写萝卜的四季的。春天时的萝卜:

杆子白生生,叶子绿油油,小囡囡的模样,逗人喜爱。

要遮阳，怕风雨，肥要适当量，水要及时，娇生惯养着，她们喜欢，栽种的人也喜欢。

把萝卜缨子拟人为小囡囡，很符合初生的萝卜缨子。后面又写这时候的萝卜种植条件的各种讲究，水要怎样，肥要怎样，等等。如果仅仅这样说，就只是介绍，就不生动。他接着写萝卜缨子是"娇生惯养着"，这个"娇生惯养"，用在这里多么聪明，多么合适，如果没有"娇生惯养"，便是一般的介绍，有了这个词，文字一下子就生动起来。然后，他又加了句"她们喜欢，栽种的人也喜欢"，让种萝卜的人和萝卜互动，实际上，是作者自己喜欢。

下面写夏天，萝卜长出来了：

待她长成少女模样，翠衫绿裤，颇有亭亭韵味，心事渐渐有了，不便示人，就偷偷藏在根下，埋在土里。小小的心思，惹人怜惜，风不知，雨不觉，土地自然不会说。初历红尘，青涩渐去，甘甜未来，却有一股倔劲。

把这时候的萝卜拟人为少女。既然前面有了小囡囡，这里必然会出现少女，并不新奇，但后面紧接着写了"心事"，是由少女引申出来的进一步的描写，这便让少女的形象不那么单摆浮搁,而生动了起来。然后,他又进一步写这样不便示人的"心事",是"藏在根下,埋在土里",而不是简单写一句"心事"了事,让"心事"和此时的萝卜的生长周期是那么贴合。最后,他写"初历红尘,青涩渐去,甘甜未来,却有一股倔劲。"还是贴着"心事"做文章,却将萝卜此时的味道和性格生动而微妙地写了出来。如果写成"这时候的萝卜涩味渐去,但还没有那么甜",就索然无味了。生动与不生动,高下立见。

再看他写深秋的萝卜:

> 深秋的萝卜,叶肥硕,健壮泼辣的样子。田野里,尽是潋滟的风情,哗哗笑语戏谑,能说不能说,野性,辣味。一旁的柿子,大老爷们的,听得羞红了脸。

深秋的萝卜,他没有明写拟人成什么人,但从"风情潋滟"等描写看,应该是成熟的妇女,和成熟的萝卜正搭。这一段,他稍微变换了一点儿写法,让菜地里的柿子出场,当一会儿配角,和萝卜搭搭戏。这是一种聪明的写法,此物写得不够,请彼物帮忙,甚至可以请众物临时出场捧捧场。这里说的柿子,指的是西红柿。让西红柿羞红了脸,来衬托此时萝卜的野性、辣味,这样写显得更为生动。

最后,他用两段写霜雪后的萝卜:

一场霜后,再经薄雪初冻,翠绿敛去,萝卜水落石出,化身男子,不怒不喜,中和静气。辣味收,甜味淡,倔强和风情都化作波澜不惊的从容润泽。那些葱绿的过往,都纳入了体内,记忆洗净铅华,尽为润白。

　　这时候的萝卜,是温和的朋友,耐心的倾听者,把自己放在很低的位置。与五花肉相佐,就油浸浸的,萝卜如肉,肉如萝卜,各臻化境。牛肉也罢,羊排也罢,鲜虾也罢,甚至是排骨萝卜汤,他都敞开自己,让朋友进来。而他的朋友,在不知不觉里,也浸润了他的香他的味,由咄咄逼人转至中和。这样的朋友弃智就仁,正如阳光,在相处中似乎没有自我,却让人温暖,悄然改变而不自知。这是宁静的力量。

　　在这里,他没有将萝卜拟人为女子的身份一写到底,而是将萝卜变身为男子了。这体现了写作时的应变能力,表明了写作方法的多样化。这时候的萝卜,已经从土里拔出,经过烹调之后摆上了餐桌,萝卜不仅是"不怒不喜,中和静气"的男子,还是"温和的朋友,耐心的倾听者",这样的性格,和此时的萝卜的中和味道相仿。需要注意的是,这样从性格入手的写法,很容易写得抽象,但作者没有脱离描写的对象——萝卜本身,而是把生活中萝卜的各种吃法写进去了,写得亲切又妥帖。他还打了个比喻,把此时的萝卜比喻为阳光,"在相处中似乎没有自我,却让人温暖,悄然改变而不自知。这是宁静的力量"。写得恰到好处。写萝卜,其实是在写人。

纵观全文,作者把每个季节的萝卜都各自比喻为一种人,且着重以写他们各自的性格来喻写萝卜:春天,小囡囡,娇生惯养;夏天,少女,心事重重;秋天,成熟妇女,健壮泼辣;冬天,男子,温和宁静。

从性格入手,让拟人的方法得到进一步的延伸和发展。这样写,便不只是从事物外表的形状出发,而是进入了内心和性情那部分,更容易写得生动。我们在描摹一种事物的时候,把外表写得须眉毕现,这只是写的第一步,如果再注意增加其性情部分,才能锦上添花,令文章风姿摇曳。

> **▶ 推荐阅读**
>
> ☆ 董改正《萝卜》

五

小夜曲和交响曲两种写法

我曾读过山东的一位叫吴端阳的中学生写的一篇作文《石碾磨痕》,写得很不错。她以孩子的眼光去细致地观察,有着自己独到的发现。

石碾,有的地方叫石碾,有的地方叫石磨。它只是一种乡间稼穑的古老的农具,不是什么新奇的东西。但是,吴同学对它格外留意,觉得它不同凡响,是匠心独运的发明。于是,她开始写道:

没有人知道这一盘盘石碾碾出了多少米面,但在波澜不惊、细水长流的日常生活中,它把人与乡村的情碾得越来越细,越来越纯。

写得亲切,又有文采。接下来,她不满足对石碾这样由纯客观的描写提升到对乡情的礼赞，于是进一步将石碾进行"有血有肉"的拟人化，来描写石碾的一生，这是一种常见的状物写法。她说：

> 石碾的一生，充实而又忙碌，它紧紧联系着千家万户的土灶和饭碗……五谷杂粮，哪一种都少不了和石碾的相亲相爱。

笔触简洁爽朗，道出了乡亲们对石碾须臾不离的感情，和石碾对于乡亲们的那一份充实又忙碌的情分。然后，她让自己在文中出场："想起粥，想起煎饼，想起窝头，想起乡村的任何一种食物，都不能不怀想石碾的恩情。"这是写她和乡亲们对石碾的感情，写得实在又具体。她说："石碾就是我们感情至深的亲人，它心甘情愿陪伴着父老乡亲一生耕耘，不离不弃，贫贱不移。"把简单的石碾写得有了"风骨"，乡亲们之于石碾的感情，石碾之于乡亲们的感情，二者是相互的，是那样亲切、自然。

吴端阳的另一篇文章《家乡的煎饼》也提到了石碾。"糊子"是山东人做煎饼的原料，煎饼要想好吃，糊子就要磨得越细越好。如果仅仅写磨糊子的过程，会显得单调和枯燥，吴端阳借助于乡间风景，在磨糊子时这样写：

磨棍嘎吱嘎吱的声音，以及风吹树动的声音，夹杂着睡蝉惊鸣的声音，合奏成富有乡土情调的小夜曲。再看糊子，源源不断地从磨盘上流下来，散发着五谷特有的醇香气味。在月光下亮晶晶地闪光，像一匹细腻柔滑的绸缎。

她用了两个比喻，一个是"乡土情调的小夜曲"，一个是"细腻柔滑的绸缎"，一下子让磨糊子这样单调的劳作有了背景音乐一般，变得美好。她还不满足，接着把磨好的糊子从磨盘上流淌出来所散发的香气，比喻成一匹细腻柔滑的绸缎，用的是通感，将绸缎和香气巧妙地联系在一起，新鲜别致。就这样，吴端阳将乡间最为普通常见的事物，从发现到观察到感悟到写出，一路娓娓写来，写得感人至深。

同样写石磨，我们再来看看作家周同宾写的散文《石磨》。

周同宾开门见山这样写道：

两片粗石磨成圆，如日头和月亮，硬被合在一起摩擦。转呀转转得好慢，和驴的脚步同样慢。磨眼很细，成升成斗的粮食慢慢流进去，成晌成夜的时间流进去，磨出了粗粗的面粉，也消磨了长长的日夜。磨坊里，有一支长长而又沉沉的乐曲，石磨、驴蹄儿、筛面箩合奏的交响曲，演出了数千年；数千年旋律依旧，没有高潮，没有变化，年年重复着一个无头无尾,平淡无奇的故事。乐曲里,春秋交替,历史爬行,一代又一代,小媳妇成了老太婆,小伙子成了白头翁。时间被磨得模糊,心灵被磨得迟钝。于是,磨坊里长长的无聊,也就失去了枯燥,他或她,在筛面和骂驴的间歇,会哼一首古传的歌谣。

这和吴端阳同学写石碾与乡亲的生活、感情息息相关是一样的,只是写法不尽相同。吴端阳同学抒写的石碾,是"把人与乡村的情碾得越来越细,越来越纯",强调是情;周同宾强调的是石磨"磨出了粗粗的面粉,也消磨了长长的日夜",多了一种时间流逝的沧桑。

写法相同的一点是,他们都用了音乐来比喻石碾在磨坊里工作的情景。所不同的是,吴端阳是把它比喻为小夜曲,夹杂着风吹树动的声音和睡蝉惊鸣的声音。周同宾则把它比喻为交响曲,没有那么多的抒情浪漫,而是"演出了数千年;数千年旋律依旧,没有高潮,没有变化,年年重复着一个无头无尾,平淡无奇的故事"。他们年龄不同,对同一事物的感悟不尽相同,但文章殊途同归,各有其长。他们都用了音乐做比,足可启发我们,这确实是一种英雄所见略同,可以让文章生动的好法子。

文章的最后两段,周同宾写的和吴端阳同学写的就大不一样了:

终于，石磨、驴蹄、筛面箩的合奏曲，化作休止符。磨坊改作他用，或者扒掉。已经磨得很薄的石磨，上下两片，脱离了相亲相近、耳鬓厮磨的关系，各个滚出磨坊。更多的，干脆扔进荒草野蔓之中，蜗牛在上面爬，蚯蚓在下面滚。

　　在历史博物馆的展厅里，倒也放着一盘石磨，式样、颜色和农村的众多同类无异，只不过粘了斑斑点点的泥垢。却原来，那是战国时代的出土文物。

　　周同宾这两段，多了两层意思：一是随着时代的发展，石磨被淘汰了；二是即使退出了乡村舞台，却依旧有其历史的意义与价值。显然，增加的这两段，不仅使文章的内容更为丰富，更深化了文章的主旨。这便是对乡间石磨的两种写法：小夜曲的写法和交响曲的写法。我们都可以借鉴学习。

▶ **推荐阅读**

☆ 周同宾《石磨》

第四课

怎样把人写生动

一

让人物动起来

"把文章写生动",这里的文章一般指写人和记事两类文章。风景包括在事物内,写景不仅仅是为了写景色;心情是为人物服务的,同样,写心情也不单单是为了抒情。人和事是相辅相成、密切联系在一起的,人中有事、事中有人,只不过侧重点不同,描写的主体不同。

下面主要谈谈把人物写生动,需要注意的几个方面。从人物的性格出发,自然是写好人物最常见也是最简便的方法。写好了人物的性格,就如提纲挈领一样,可以把人物写生动。我举孙犁先生的散文《山地回忆》来证明。

《山地回忆》是孙犁先生在1949年12月写的一段战时回忆,主要人物是当时一个只有十六七岁的小姑娘。在这篇散文里,这个小姑娘连名字都没有,却给读者留下了很深的印象。靠的是什么呢?主要是性格。以小姑娘的性格展现她美好善良的心地、对抗日战士的感情及对战争胜利的渴望。

性格不是抽象的，不能只是用天真、可爱、倔强或能干这样的词形容一下，就算完成了对性格的刻画。性格，要在具体事情的进展中展现，在人物的相互接触乃至矛盾冲突中展现。这样来写，性格便不再是抽象的词，而变得具象化，表现在具体的行动上面。在我的理解里，性格不是名词，也不是形容词，而是一个动词。也就是说，要想把人物写生动，得让人物动起来。

我们来分析一下孙犁先生的这篇《山地回忆》，是如何以行动写人物的。这条行动线非常清晰，也非常生动有趣：

1. 冬天的早晨，"我"到河边砸破河面的冰，正要洗脸，听见下游有人冲"我"喊："你看不见我在这里洗菜吗？洗脸到下边洗去！"喊话的人，就是这个小姑娘。未见其人，先闻其声，这是和《红楼梦》里快人快语的王熙凤出场一样的写法，小姑娘也是个泼辣的人。

2. "我"和小姑娘的争吵。小姑娘出言不逊，骂了"我"。

3. "我"生气地转过身去，看见小姑娘穿得单薄，手冻肿得像红萝卜，抱着一篮子的杨树叶在洗，知道这是她家的早饭。这一笔描写很重要，是"我"和小姑娘矛盾转化的关键。艰苦战争中军民连心的心情，是通过这样的细节表现的。

4. "我"一下子心平气和了，让她到"我"这里洗菜。她却故意斗气地说："你刚在那石头上洗了脸，又叫我站上去洗菜！""我"已经理解了小姑娘，听到她的话没有生气，反而笑着说："你看你这人，我在上水洗，你说下水脏，这么一条大河，哪里就能把我脸上的泥土冲到你的菜上去？现在叫你到上水来，我到下水去，你还说不行，那怎么办哩？"

5. 小姑娘往上面走，蹬在一块尖石上去洗菜，冻得双手插进袄襟里取暖，回过头来冲我笑。——看，写的全是动作。即使不说话，可爱的小姑娘的形象，已经生动地浮现在我们的面前。

6. 两人依然斗气，小姑娘讽刺"我"是假卫生时，看见我赤着脚，没有穿袜子，语带关心地说："我问你为什么不穿袜子，脚不冷吗？也是卫生吗？"

7. 小姑娘对"我"说，要给"我"做一双布袜子。

这段河边邂逅，在这里达到高潮，便也在这里恰到好处地戛然而止。这类似民间戏曲《打樱桃》里的写法，在风趣的冲突中，透露出小姑娘泼辣风趣的性格，从洗脸洗菜的矛盾到矛盾的和解，到说笑着不依不饶地斗嘴，一步步地推进到做袜子的高潮。小姑娘的性格，就这样一步步地展现出来，自然妥帖，生动可爱。如果没有洗脸和洗菜的动作，如果没有唇枪舌剑的斗嘴，小姑娘这样的性格就无法展现，人物的生动性自然也就谈不上了。

我们还需要看到，"袜子"在这一段描写中的重要性。所谓"山地回忆"，回忆的重心便是袜子。袜子没有出现，这段描写便失去了焦点，就像戏曲《打樱桃》，如果没有了樱桃，那个小姑娘的戏也就没法唱了。因此，在写人物的时候，要注意到人物的动作和语言，还要注意设置如袜子这样一个看得见摸得着的具体细节，让人物的性格最后有一个具体展示的聚焦点。这样写起来，才容易写得具体生动。可以这样说，这双袜子，是小姑娘性格和心地的象征物，最后在她的性格突出之处打上一圈聚光灯下明亮的光晕。

下面写小姑娘为"我"具体怎样做成一双结实的布袜子。在当时物资匮乏的艰苦战争环境中，这并不是一件简单的事情。做好袜子的时候，小姑娘对我说："保你穿三年，能打败日本不？"风趣的性格，依然是从动作和言语上表现出来的。如果写成小姑娘一本正经地对"我"说"穿上它，好好打日本鬼子去！"这样便不是小姑娘的性格了，而是我们强加给小姑娘身上的刻板的话。自然，小姑娘就不会那么生动可爱了。

这样一段经历让"我"难忘，与小姑娘的这份情谊更在我心中留下了深刻记忆，"从此以后，我走遍山南塞北，那双袜子，穿了整整三年也没有破绽。"可是，"一九四五年，我们战胜了日本强盗，我从延安回来，在碛口地方，跳到黄河里去洗了一个澡，一时大意，奔腾的黄水，冲走了我的全部衣物，也冲走了那双袜子。"

珍贵的袜子丢失了，孙犁先生才会涌出这样的感喟："黄河的波浪激荡着我关于敌后几年生活的回忆，激荡着我对于那女孩子的纪念。"这是一种抒情，但并不是空泛的抒情，因为有这双袜子，有小姑娘的生动可爱的形象作依托，抒情便也有了坚固的基石。这座基石，便是小姑娘的形象；这双袜子，便是小姑娘形象的象征载体。也就是说，想起这双袜子，就想起了小姑娘；想起小姑娘，就想起了这双袜子。

再以门罗的小说《忘情》为例。这篇小说写在一场战争中，图书馆的女管理员露易莎，和前线的战士杰克相爱的故事。他们只是通信，从未见过面。战后，杰克复员回到家乡，阴差阳错，未能和露易莎喜结连理。杰克到工厂工作，在一次事故中丧生。杰克爱看书，生前从图书馆借走很多书，他死后家人才发现这些过期未还的书，家人怕罚款，便请来家里报丧并安慰他们的工厂老板的儿子阿瑟帮助去图书馆还书。我们就来看还书这一小节，门罗是如何书写的。

还书，是很简单的事情，即便图书馆的女管理员露易莎知道杰克身亡，表示哀伤同情，只是一种简单的感情表示而已，书还了也就还了，三言两语就可以结束这一小节的描述。但描述得简单，就很难打动读者。关键是，露易莎对杰克始终充满感情。那么，这样的感情，就会比一般的哀伤同情要深切得多。这样的感情，又该如何描写呢？

门罗分了这样几个层次来描写：

1. 露易莎从阿瑟手里接过杰克借走的书，心神不宁，先把书逐本拿起来摇了摇，像是期待着书中有什么东西掉落下来。接着，她的手指翻动着书页。心神不宁是心理描写，摇书本和翻动书页，则是明显的动作。如果是别人还的书，她会这样对待吗？显然不会，只有杰克借走的书才会有如此的待遇。露易莎为什么会有这样两个过于明显急切的动作呢？显然，她希望书中能有杰克留给她的什么东西。这是她内心的想法情不自禁地展现，是她对杰克的感情最为真切的流露。门罗没有直接写露易莎的心情和感情，而是通过动作来体现。有了这样的动作，读者能更直观地感受到露易莎的感情和心情。

2.门罗写露易莎没有从书里面找到任何东西，她望着面前摊开的一本富兰克林探险的书，凝视着船被浮冰围困的照片。望着书，凝视照片，依然是动作。望着书，因为书是杰克借走的，睹物思人；凝视照片，因为这张船被困的照片，和杰克的死，和自己此刻的心情，都有着悲哀甚至绝望的情境及氛围。这样两个动作，依然写的是露易莎的心情和感情。这种"借钟馗打鬼""王顾左右而言他"的写法，就像电影里借助空镜头来抒发心情和感情。

3.阿瑟和露易莎说话，露易莎没有听见。依然是动作，是说和听之间的反应。为什么没有听见？显然，露易莎的心不在此处，而在他处。

4.露易莎认为书中还留有杰克生命的气息，这气息保留在用作书签的纸片、烟斗通条，甚至烟叶末子上。这一切让她心神不宁。看，转了一圈，又回到这一节开始的心神不宁。

从一本本摇书，翻书页，凝视照片，没听见别人和她说话，到最后呆坐在那里，顽固地认为书中有杰克的生命气息，如果没有这样一系列连续的动作，只是写露易莎心情很悲伤很失落，显然就不会这样生动。所以，一定要让人物动起来，要让人物的回忆、思想、情绪等，都化为看得见的明显动作，才能令文章生动。

再举一个例子，诺贝尔文学奖获得者、波兰女作家托卡尔丘克的短篇小说《女舞者》。小说写一位并不成功的舞者，无法登台演出，只能在乡下租用一间危房，当作自己的剧院。她渴望拥有舞台和观众，让一直并不支持她跳舞的父亲看到自己的成功。可是，第一次演出，观众寥寥无几。她不灰心，继续努力筹备圣诞节演出，与此同时她做了两件事：一件是在所谓"剧院"的墙上画了密密麻麻的座椅和观众；一件是开始每天给父亲写信。忙乎整整一个冬天，圣诞节演出了，她给父亲的信还没有写完，而观众依然寥寥无几。但是，当灯光亮起来的时候，这仅有的十来个观众突然发现墙上画的那么多观众。小说结尾，她给父亲的信终于写完，寄了出去，可父亲已经去世。她在观众席中间画上了父亲的头像，对着父亲再次翩翩起舞。

我们可以看到，构成这篇小说的是两条平行的动作线：一条是女舞者把危房改造成剧院，又在墙上画了观众席和父亲的头像（这个工程量不小，动作性非常醒目）；一条是给父亲写信（有些像契诃夫《万卡》里万卡给爷爷写信,只是万卡写完信后,没有在信封上写收信人爷爷的地址,而这里在演出前一直没有把给父亲的信写完,事件的性质是相似的)。最后,两条线交织,父亲逝去,女舞者面对父亲的头像独自起舞。女舞者钟情舞台、渴望成功,并达成和父亲的和解,这一切都是通过这两条行动线来完成的。

也就是说,女舞者所表达的这些感情,作家所塑造的这位女舞者的形象与性情,都是通过这样的动作来完成的。女舞者不是在跳舞就是在改造房子,或在墙上画画、在给父亲写信,无时无刻不是在动着的。这样一篇由如此紧密的一个接一个的动作连缀起来的小说,最能说明让人物动起来对于文章而言是多么重要。我们在写人物的时候,也要学着让人物动起来。

当然,孙犁也好,托卡尔丘克也好,他们都是大作家,我们一时无法像他们那样将人物写得那么丰富,那么复杂,那么动感十足。但是,学习是必要的,起码学着让人物有一两个动作,而不能只是在想,在回忆,在抒情。让人物动起来,才容易把人物写好,这是写人物最简单、最有效的方法。

▶ 推荐阅读

☆ 孙犁《山地回忆》　　☆【加】艾丽丝·门罗《忘情》

☆【波兰】奥尔加·托卡尔丘克《女舞者》

二

寻找人物感情和形象的载体

《小橘灯》一文,我们都很熟悉,它是冰心的代表作之一。《小橘灯》的主角也是一个小姑娘,故事非常简单:"我"在路上买了几个橘子,去山下看望王家。王家的母亲病卧在床上,父亲因给共产党送信被国民党捉去。一家人生活艰难,却对未来充满信心。文章如果这样来写,该会何等乏味。

我们都知道,在这篇文章中,冰心重点写的不是王家的父母,而是王家那个八九岁的小姑娘。

我们更清楚,在这篇文章中,冰心写那个小姑娘,删繁就简,最后集中在那盏用橘子皮做成的小橘灯上。"我"带去的橘子,不着痕迹,自然而妥帖地成为和小姑娘并置的另外一个主角。文章一下子就容易写了,人物也一下子容易写了,因为有了聚光的焦点,就像孙犁先生的《山地回忆》中写的那双袜子。

如果铺开了写王家父母,就很难写,即便写,也很容易写散,成为事情的罗列，而且把要写的主角小姑娘抛掷一旁了。

同时，文章所要表达的主题，也有了一个形象并新颖的载体，就像把蜡烛放进了小橘碗里，令我们眼前一亮。如果不是小橘灯，而是一盏灯笼或马灯或手电筒，还有这样的效果吗？索性连这篇文章都没有了。

文中，"我"离开王家之后，有这样一段描述：

> 我提着这灵巧的小橘灯，慢慢地在黑暗潮湿的山路上走着。这朦胧的橘红的光，实在照不了多远，但这小姑娘的镇定、勇敢、乐观的精神鼓舞了我，我似乎觉得眼前有无限光明！

这里点题，也写了小姑娘镇定、勇敢和乐观的精神。这种精神，表现在小姑娘身上，是对未来充满希望的感情；这种精神，在与她家生活的艰难的对比中，在与小姑娘那年幼体弱的对比中，突出了小姑娘的形象。这形象因有了小橘灯而有了更具体生动的表达。

这盏有着微弱光亮的小橘灯，确实如同柔弱的小姑娘一样，小橘灯和小姑娘柔弱的形象融为一体。或者可以这样说，小橘灯成了小姑娘形象的一部分。如果没有小橘灯，仅靠小姑娘说的那些话，和小姑娘家生活的那样子，文章会显得很一般化，小姑娘的形象会很单薄。小橘灯让琐碎平常的一般化的生活和人物，一下子点石成金，活了起来，生动了起来，可爱了起来。

感情是抽象的，单纯用形容词描写人物性格，也是抽象的。文学的功能，或者说写作的高明之处，就是要将这样抽象化的感情和性格形象化，形象化最好的方法，除前面讲过的要人物动起来之外，最好找到和感情、性格对应的形象载体。这就好像酒有了漂亮的玻璃杯，才会让酒有了盛放的载体，使得酒不再只是放在木桶里看不见，而显得更玲珑剔透。

人物形象的塑造方法也多种多样。使得人物形象从生活化变为艺术化的方法之一，和感情的形象化的方法一样，就是找到与人物相匹配相融合的形象载体。在这样寻找和描写的过程中，感情和形象都凝结成一种结晶体，就好比树木流出的汁液，可能不被我们注意，但如果树的汁液结晶为琥珀，就格外令人瞩目而倍加珍惜。

小橘灯，就是感情和形象的结晶体。冰心敏感而别致地找到了它。

这样书写感情和形象的例子，还有很多。找到感情与形象对应融合的结晶体并很好地利用，是很多作者都愿意采用的一种方法，真是"英雄所见略同"。

萧平的《三月雪》是他的成名作，主角也是一位小姑娘，写小姑娘和县委书记之间的故事。县委书记不是主角，只是串联起故事的叙述者，和《小橘灯》里"我"的作用一样。可以说，这篇文章尽管故事复杂一些，但基本的写作方法和《小橘灯》一致，而且它们都同样选择了描写人物心情与形象的对应象征物——一个是三月雪，一个是小橘灯。三月雪是花，小橘灯是灯，都是美好的象征物。

同样描摹一个小姑娘，冰心的《小橘灯》写的是黑暗和小姑娘的故事，萧平的《三月雪》写的是战争和小姑娘的故事。在战争中，这个只有十一二岁的小姑娘小娟的妈妈牺牲了，这比《小橘灯》中妈妈生病的故事多了起伏的情节和鲜明的形象，也显得更为残酷和沉重。

小说重点写的是一对在残酷战争中相依为命的母女。该如何描写这一对人物形象，又如何表达在母亲牺牲之后小姑娘对妈妈敬爱又怀念的感情，并写出小姑娘的性格变得更坚强的呢？萧平着意选择了三月雪，三月雪是盛开在早春的一种白色的花。小说中第一次出现三月雪，说它是一种早开的花，有一种清洌的花香，立在一片坟地当中。其中一座坟中埋着一位年轻的女卫生员，这已经预示着小说悲凉的气氛和结局。小娟的妈妈牺牲在这棵三月雪下，也埋在这棵三月雪下。小娟最后一次来到三月雪下看望妈妈，伏在妈妈的墓前一段，写得格外凄婉动人：

天上变幻着一片彩霞。一只布谷鸟高声叫着从晴空掠过。三月雪迎着阳光盛开着，放出浓郁而清冽的香气，洁白的花瓣飘落在树下的两座坟墓上。墓上已生出一片绿草，墓前小娟亲手栽的幼松也泛出新绿，迎风轻轻摇摆着。

　　三月雪的花朵和彩霞、绿草、松树连成一片，成为一幅悲壮却也非常美丽的图画。战争的残酷而血腥的斑斑血迹和洁白如雪、花香浓郁的三月雪，成为小说显著的意象。可谓一半是火，一半是花。

　　这种意象和象征，既是属于人物感情的，也是属于人物形象的。这是我国文学传统的写作方法。就人物形象而言，三月雪既是小娟也是牺牲的母亲的化身；就人物感情而言，三月雪集中表达小娟和故事的叙述者对这位年轻母亲的怀念。

　　如果没有三月雪，墓地上只有小娟栽下的那株幼松，行吗？如果说不行，我们要问自己：为什么不行？

　　很显然，松树已被用滥。选择感情和形象的结晶体，首先应该是那些新颖的、别人未曾用过的；其次，还要和人物相匹配相融合。萧平的《三月雪》和冰心的《小橘灯》，为我们做出了示范。

　　再举一个例子。孙犁先生的《秋千》，也是用的这样的写法。这篇文章还是写一个姑娘，十五岁，日本鬼子烧毁了她家的房子，爹娘早死，从小吃苦。但是，她有个爷爷，曾经开过一家小店铺，有几十亩的地，农村定成分的时候，有人提起她爷爷的陈年旧事，要把她的成分定为富农。她一下子委顿了，和她一起的女伴们也跟着她失去了往日的快活，纷纷替她鸣不平。所幸，最后她没受爷爷的影响，她被定为普通农民。立刻，她和女伴又都恢复了往日的快活。那么，这快活劲儿怎么写？这关系着她和她的这一群女伴的形象。仅仅说她们都很快活，快活得蹦了起来，叫了起来，拥抱在一起，行吗？这是我们常常爱用的方式。如果说不行，有什么方法，可以让这群姑娘快活的形象生动起来呢？

　　孙犁用了"秋千"这一形象化的象征物，作为她们心情和形象的载体，一下子便把文章写得生动了。比如这段关于秋千的描写，一扫以往的阴霾，场景和人物，都变得明亮起来：

　　　　她们在村西头搭了一个很高的秋千架。每天黄昏，她们放下纺车就跑到这里来，争先跳上去，弓着腰往上一蹴，几下就能和大横梁取个平齐。在天空的红云彩下，两条红裤子翻上飞下，秋千吱呀作响，她们嬉笑着送走晚饭前这一段时光。

　　　　秋千在大道旁边，来往的车辆很多，拉白菜的，送公粮的。戴着毡帽穿着大羊皮袄的把式们，怀里抱着大鞭，一出街口，眼睛就盯着秋千上面。其中有一辆，在拐角的地方，碰在碌碡上翻了,白菜滚到沟里去,引得女孩子们大笑起来。

试想,如果没有这样的秋千出场,女孩子的心情和形象还会这样鲜明生动吗?有了秋千,不用多说了,女孩子的心情和形象,都在秋千上面闪现,要不也不会有那么多的车把式观看,更不会有人翻车了。

象征物,对于写好人物就是这样的重要。

这样类似比兴的写法,是我国传统的写作方式,非常常见,我们描写人物的生活时,可以借鉴学习,可以起到画龙点睛的作用。再来举日本作家川端康成的小说《雨伞》和《石榴》为例,进一步说明,以加深我们对这种方法的理解和认识,便于我们学习。

《雨伞》写一对青年男女要分别了,他们在雨中到照相馆照相以留作纪念这一常见的场景。川端康成将这样的场景写得摇曳生姿,靠的其实就是一把雨伞。因为写分别之际的依依不舍和羞涩难言,是难写的,很容易写得一般化。有了雨伞,像舞台上有了恰如其分的道具,演员就可以借助道具,容易表演一些了。

起初,小伙子去接姑娘的时候,雨伞好像是为了遮掩他的羞涩而打开一样,他把脸藏在雨伞里面。姑娘在伞下和他一起向照相馆走去的时候,"想一只手凑上去拿伞,但不知道怎么的,却偏偏做出要逃出伞外的样子"。看,有了这把雨伞,两个人看不见的心情有了看得见的行动,人物自然而然跟着一下子变得生动形象起来了。

在照相馆里照完分别照之后,尽管依旧有些羞涩,两个人的心情已经发生了微妙的变化。这种变化怎么写?还是通过这把雨伞写,小伙子起身要去拿伞的时候,雨伞"已经被先出门口的姑娘拿在手里了"。看,写得多么好!从开头"想一只手凑上去拿伞,但不知道怎么的,却偏偏做出要逃出伞外的样子",到最后姑娘主动拿起伞的变化,将一对青年男女的心情变化勾勒出来,鲜明而干净,无须多言。

《石榴》也是写一对青年男女的分别,不过多了父母上一代所经历的战争的背景,让分别多了一层情感复杂的意味。这一切,靠什么来书写呢?这里找到的聚焦物是石榴。

先写了院子的石榴树:

> 石榴已经烂熟,丰满的籽儿胀裂了,放在走廊上,一粒粒的籽儿在阳光下闪烁着,亮光透过一粒粒的籽儿。

这是常见的写法,是人物出场的背景。小伙子出场了,来和姑娘告别。母亲拿起这个石榴让小伙子尝尝。姑娘紧接着也出场了，小伙子看见姑娘从楼上下来，心里一激动，石榴掉在地上。石榴派上了用场，如果没有石榴，小伙子内心瞬间荡漾起激动的涟漪，读者是看不见的；如果只用"激动"这样的形容词，显然不会生动。有了石榴，激动便有了具体形象的展示，不用说，读者也明白。

小伙子走后，母亲捡起石榴，发现石榴裂开露籽儿的那面正好朝下掉在地上。母亲把石榴给女儿吃，女儿说沾上土，太脏了，不想吃，但看见露出的石榴籽儿，心想是小伙子咬过，就若无其事地吃了一口。看，从不想吃到吃了一口，将一个女孩子的心情写得惟妙惟肖。

再看一旁的母亲，母亲触景生情，想起往事，对女儿说起战争前她父亲在世时，母亲是常吃父亲剩下的东西的。女儿"*心头涌上一股说不出的感受*"。什么感受呢？她忽然觉得"*那是一种催人落泪的幸福*"。母亲与父亲的过去，和她自己与小伙子的现在，一下子联系在一起，也是通过石榴。没有石榴，就难写了。有了石榴，老少两代人，战前战后两个时代，一并勾连出来。

看川端康成这两篇小说，我们可以看出其写作的方法和冰心、萧平、孙犁是一样的，他所用的雨伞、石榴，和小橘灯、三月雪、秋千所起的作用是一样的。不过是所用描写人物感情与形象的载体不尽相同罢了。我们也可以学习这些作家们，留心身边有没有适合做象征物的事物。找到了它们，我们写人记事的方法就多了一种。

> **推荐阅读**
>
> ☆ 冰心《小橘灯》　　☆ 萧平《三月雪》
>
> ☆ 孙犁《秋千》　　　☆【日】川端康成《雨伞》《石榴》

三

景物的作用

在文章中，景物描写一般用于抒发感情、衬托心情。我们写作文的时候，也常常用到"借景抒情"。其实，景物描写，也是写人物的一种不错的方法，它不仅能衬托人物的心情和感情，同时在描摹人物形象的时候，能起到"旁敲侧击"的作用。这种"旁敲侧击"，即对人物形象的烘托。

《浇园》是孙犁先生1948年写的一篇小说。小说写了战士李丹在乡下村姑香菊家养伤的故事。故事不仅小，还非常简单，重点写在井边打水浇园时两个人的一段交往。七月卡脖子旱的大热天，香菊用辘轳打水浇园，从清早到夜晚。李丹伤好些终于可以下地了，来到地头，看见香菊在打水，就帮香菊。就这样一个小事。这样的故事，该怎么写？景物的描写，放在哪里更为合适，可以起到作用？

李丹昏迷几天后睁开眼睛看见香菊，问她："你叫什么？""怎么没见过你？"香菊说："你没见过我,你睁过眼吗？"这是浇园前戏,生活气息很浓,是透过对话来写人物的,这种用法很常见。

这一段,如果仅仅这样写,就不是孙犁的笔法了。香菊看见李丹睁开眼睛时,孙犁加有这样一笔:"伤员睁着眼睛,望着窗户外面早晨新开的一枝扁豆花。香菊高兴地笑了。"扁豆花的出现,一笔勾连起战士和村姑彼此的心情,让两个人物的形象那么美丽。战士终于睁眼了,村姑才笑了。他们两人之间这瞬间的碰撞,通过什么作为中介呢？直接说出来吗？当然可以。但孙犁小说不愿意那么直接,他借用了扁豆花。试想一下,如果没有扁豆花,只是到他们两人的对话为止,直接表达,那么,这两个人的形象还会让我们产生这样的美感吗？

这一场面,我们在作文里可能会这样写:香菊看到战士终于从昏迷中睁开了眼睛,高兴地笑了。中间忽略、省略了扁豆花,人物的形象和文章的韵味,便差了一截。

借景来写人物及其情感,这是孙犁先生早期的小说常用的方法。《荷花淀》里水生嫂和村里的女人们找自己的丈夫时,在淀上划着小船,"顺手从水里捞上一棵菱角来,菱角还很嫩很小,乳白色。顺手又丢到水里去"。一棵菱角、一枝扁豆花,孙犁先生总能信手拈来,以此增加文章的生活气息和人物的美感。

在这篇《浇园》里,孙犁先生还特意增加了鬼子姜和葫芦开的小白花这样的景物描写。一丛丛长得很高的鬼子姜，在井前的作用是遮蔽毒太阳，在小说中的作用，和葫芦花以及前面的扁豆花是一样的。李丹帮香菊打水，看见井水里面"浮动着晴朗的天空，香菊和鬼子姜的影子，还有那朵巍巍的小白葫芦花"。看，一下子有了鬼子姜和葫芦花，普通的打水动作，变得美了起来，就像一张白纸上有了色彩的晕染。如果没有鬼子姜和小白葫芦花，便只是打水。打水再怎么写，只是打水，不是文学。

回家的路上，经过一块棒子地，香菊拔了一颗甜棒，咬了咬，回头递给李丹。"李丹问：'甜不甜？'香菊回过头说：'你尝尝啊，不甜就给你？'"这是浇园后戏。这样充满生活气息、人物性格鲜明的话语，和前面"你没见过我，你睁过眼吗？"是相呼应的。

文末，李丹嚼着甜棒，香菊慢慢在前面走，头也不回，只是听着李丹的拐响，不把他拉得远了。紧接着，孙犁先生有一段这样的景物描写：

天空里只有新出来的、弯弯下垂的月亮，和在它上面的那一颗大星，活像在那旷漠的疆场，有人刚刚弯弓射出了一粒弹丸。

看，这一个战士和这一个村姑，晚上，浇完园回家，没有任何的铺排和渲染，更没用情节的旁枝横斜，只有这样一段吃甜棒的白描和对话,和这样几笔景物描写,却将人物的感情和性格写得细腻可感。如果说前面描写的人物行为和对话,是人物在一步步向我们走过来,那么,后面夜空中月亮和星星的景物描写,则是人物向我们走来时的背景,这样美妙的背景,让我们感到人物是那样的可爱,景物和人物构成了一幅漂亮的画面。

十年后,1958年,茹志鹃写了小说《百合花》,写的也是一个战士和村姑的故事。只是故事有所不同,村姑变成了新媳妇,战士最后牺牲了。在小说的最前面,也有一段景物描写:

早上下过一阵小雨,现在虽放了晴,路上还是滑得很,两边地里的秋庄稼,却给雨水冲洗得青翠水绿,珠烁晶莹。空气里也带有一股清鲜湿润的香味。要不是敌人的冷炮,在间歇地盲目地响着,我真以为我们是去赶集呢。

小说结尾,新媳妇用自己过门时带来的新被子,盖在牺牲的小战士身上的时候,还有一段对这条新被子的描写:

在月光下,我看见她眼里晶莹发亮,我也看见那条枣红底色上撒满白色百合花的被子,这象征纯洁与感情的花,盖上了这位平常的、拖毛竹的青年人的脸。

这样两段描写，一景一物，都起到了衬托人物形象的作用。前面的小雨、庄稼和空气的描写，像赶集一般，是那样清新、美好，反衬了后面战争的残酷，和小战士牺牲的悲伤。后面月光下的新被子的描写，不仅成为小说重要的细节和情节，勾勒出新媳妇的性格和心灵，而且，象征意味明显，和人物一起构成感人的画面，弥漫起小说诗意浓郁的意境与氛围。

学习这样以景物描写来衬托和勾勒人物形象、心情或性格的写法，让我们写人物的方法，又多了一种。需要注意的是：第一，景物的选取一定要贴切、自然，《浇园》里的扁豆花、鬼子姜和葫芦花，《百合花》里印有百合花的新被子，都与文章内容相吻合，并不会让人感到突兀；第二，一定只是简单几笔，点到为止，不可过分细描，否则，也会让人感到有意为之，不自然了。

▶ 推荐阅读

☆ 孙犁《浇园》

四

面纱的启示

张承志的散文《面纱随笔》，写得不长，内容和人物集中，通过写"我"和一位新疆维吾尔族女人的三次交往，写出这位女人的心地、性格和形象。这种以和陌生人交往的过程来书写陌生人，是常见的写作方法。三次交往，由陌生到熟悉，由浅到深，如同层层剥笋，让人物的形象逐渐鲜明起来。

第一次，是个夏天，"我"到她家做客，她一直戴着遮住整张脸的褐色面纱，即使分手前留念拍照的照片上，她也是戴着那个蒙面的面纱。

第二次，一年后的秋天，"我"又去她家做客，她依然戴着面纱。但一年来的交往，使得"主人和客人中间蹿进来一只叫作信赖的兔子"，再次照相时，褐色的面纱快乐地在胸前一摇一晃，和上次照相的时候"小心地注视着镜头，认真地望着临近的瞬间"，有了明显的区别。分手时，她甚至对"我"说我们已经是亲戚了，还特意送给"我"一块衣料。

第三次，又一年后的年初，冬末春初，"我"给她家寄去洗好的照片，她寄给"我"一张照片，在这张她和她女儿的合影照片上，"她没有蒙上面纱，穿着一件新大衣，静静地站着，一双苍凉的深目注视着我"。

看，这三次交往，张承志并没有事无巨细地写完整的过程，他做了筛选，选出那些最能够突出人物性格、心地和形象的那几点，或干脆只是集中在一点上面。这篇文章，便是集中在一点上面的：面纱。

这种写法的好处，当然是集中笔墨，并节省笔墨，其他一切与面纱无关的事情都省略掉了，避免了过程性叙述的啰嗦，如同舞台上的聚光灯，只打在主人公一人的身上——在这里，是只打在了脸上。

除此之外，我们还要看到，因为三次交往，都是围绕着面纱做文章，面纱成为文章最重要的道具，也就是细节。于是难免要重复。这种重复，恰恰是作者有意为之的，体现了作者的巧妙构思。三次重复出现的面纱，成了作者与这位维吾尔族女人之外的另一个主角，尽管没有一句台词，却起到了定海神针的作用。可以说，如果没有这个主角，维吾尔族女人这个主角也就消失了。我们可以再仔细看看这三次面纱是怎么出现的，这位维吾尔族的女人又是怎么和面纱产生联系的：

第一次交往，面纱始终蒙在这位维吾尔族女人的脸上，始终"小心"而"认真"，"面纱隔开了我们两个民族"。

第二次，面纱依然始终蒙在这位女人的脸上，但是，由于有了信任，面纱欢快地在胸前一摇一晃。而且，她还特意亲自为"我"做了精致的手拉拌面，还送"我"布料。虽然，她依然始终面纱蒙面，但她的高身腰的女儿"不蒙面，发髻上束一条红花手绢"。以女儿来衬托她的母亲，尽管依旧蒙着面纱，却和上次相比有了微妙的变化。张承志说这次交往是"与一个民族的相遇，与一种传说的接触"。显然，和第一次交往时说的"面纱隔开了我们两个民族"，有了明显的区别和进展。

第三次，面纱揭开。经历了夏天、秋天和冬末春初，几乎是四季轮回的近两年的交往，两个不同的民族真诚的心灵碰撞，让彼此产生了信赖，才有了最后照片上那位维吾尔族女人摘下了蒙面的面纱的结局。面纱摘下，维吾尔族女人的形象，清晰地展现出来了。

可以看出，面纱的三次重复出现，并不是机械式的完全重复，而是以递进的关系次第变化，像一朵花从含苞待放，到最后一瓣瓣舒展地盛开，令人印象深刻。深刻的不是面纱，而是面纱后面的人。在这里，面纱不仅为这个维吾尔族女人服务，同时也为作者服务，在面纱面前，闪烁着两个人从陌生到熟悉到走近的光芒，这光芒体现在彼此在面纱面前跳跃的心情之中。可以想象，如果没有这个面纱，或者只是让面纱一闪而逝，没有这样三次刻意的重复，还会使得文章这样生动耐读吗？维吾尔族女人和作者两个人的形象与心情，还会这样清晰可见吗？

张承志在文章最后这样写道：

> 她用摘下面纱的方式，传达了严肃的信赖。我凝视着照片上那典型的维吾尔脸庞，却觉得看见的是她们的心情。受到信任的惊喜很快变成沉思，我回忆着两年来的风风雨雨，回忆着我在她们面前的举动。一副面纱掀起，那时的一言一语突然闪光，有了含义。
>
> 是的，对于可以信任的人，面纱头巾可以除去。纱巾只是女人的传统，只是文明的传统，当你懂得尊重这传统的时候，纱巾就为你掀起来了。

张承志最后看到照片上的她摘下面纱之后，还写了一句："一瞬间我感到强烈的震动，心里一下子涨起难以形容的感受。"这种震动和感受，恰恰来自这位维吾尔族女人的信任和友情。而这种信任和友情，恰恰展现出这位维吾尔族女人的形象。

重复出现的面纱，让那些抽象感情的真切感受与升华变得实实在在；让这位维吾尔族女人的形象生动而别致。面纱，是这篇文章的构思；面纱的重复，是这篇文章的结构，也是塑造人物形象一个最简便而鲜明的手法。面纱,如一艘小船,在一条波光潋滟的小河中荡漾,姿态摇曳,与风同往,不仅使文章好看,好读,也使得我们读后对这位维吾尔族女人有了鲜明的印象,有了回味的天地。

在这里,我想要特别说明一点,重复,一般而言,是文章所忌讳的。但有时候又是文章写作中常用的一种方法。需要注意的是,重复,不是简单化的同一事物,单摆浮搁在不同时间里雷同化出现,而是在重复中变化着、进展着,方才展示其层次的递进和最后升华主题、塑造人物形象时所迸发的光彩。这从张承志的这则《面纱随笔》中可以清晰地读到。我们在写人物的时候,学习这样的方法,首先要找到面纱这样一个构思的角度,也就是写人物的突破口;然后,再设计重复的步骤,不断变化,逐步深入,为塑造人物服务。

▶ 推荐阅读

☆ 张承志《面纱随笔》

五

在人物关系中写人

在文学与戏剧中，人物关系构成了情节的基础；人物关系之间的变化，就是情节的演进。我们读小说，或者看戏剧电影的时候，首先要注意并搞清楚其中的人物关系，这是读懂小说，或看懂戏剧和电影的入门捷径。

诺贝尔文学奖的获得者，加拿大女作家门罗写过短篇小说《脸》。这篇小说的主人公是两个不到八岁的小孩，一个是小男孩"我"，一个是比"我"小半岁的小女孩南希。小说里有一个重要的情节，写的是一场儿童游戏。在这场造成两个孩子一生命运变化的游戏里，出现了四个人物，除了两个孩子之外，还有两个孩子各自的妈妈。在这场游戏里，这四个人物的关系发生着剧烈而巧妙的变化。小说就是在这样的变化中，写出了四个不同人物的形象。

门罗的这篇小说让我们看到，写人物，其实就是写人物之间的关系。记得在戏剧学院读书的时候,教授编剧写作课的老师对我们说:"什么是戏?戏就是人物关系。有了人物关系,就有了戏。"也可以说,独木不成林,单丝难成线,人物都是在人物关系中塑造出来的。就像前面的张承志的散文《面纱随笔》,一样也是在作者"我"和一位维吾尔族女人的这个人物关系中,塑造人物、叙述故事的。这是写人的一种最常见的方法,比简单地写一人一事要复杂一些,但如果学好了,对于我们写人是有很大的帮助的。

分析、处理好日常生活中普通人物之间的关系,对于写作确实很重要。好的作家,一般总能设置好这样日常看来很普通但仔细分析却错综复杂的人物关系,然后,在这样的错综复杂的人物关系的变化中,让故事的情节充分而跌宕起伏地发展,从而塑造出鲜明的人物形象。

门罗与众不同,她不喜欢设置那种错综复杂的人物关系,而总是将小说中的人物关系设置得简单明了,像我们平常的生活一样。如《脸》中的四个人物的关系,就像我们生活中常见的两个家庭里的母子、母女关系一样。门罗的本事就在于她能够在这样最普通平常的人物关系之间擦出火花,无风三尺浪,平地起波澜。这更值得我们学习。

《脸》中,门罗只是用了一场游戏,便将四个人物的心情、性格都表现得淋漓尽致。她是怎么写的呢?

首先,这个游戏不是一般的游戏。"我"的脸上有块猪肝一样紫色的胎记,在这场游戏中,南希为了表示对"我"的友好和喜爱,不让"我"觉得有什么不一样,便用红油漆把自己的脸涂红了。小孩子的心理,在这样的游戏中表现得最正常不过。不过,这只是出于南希自己的考虑,是她自己的感情和心愿,这种完全是友好的天真表示,却是一厢情愿。作为脸上有胎记曾经受到很多人嘲弄的"我"的想法,和南希不一样。这个不一样,就是人物关系,就是小说的情节,它可以擦出火花。

当南希转过脸来对"我"兴奋地说:"现在我和你一样了!""她的声音里充满满足感,仿佛她达成了毕生的心愿似的。"注意,南希兴奋地所说的话,和作者对南希的声音中达成了毕生心愿的满足感的描写,都强调南希这一举动完全是出于善意出于好心,是为了"我"好。

可是,同样的这个举动,好与坏的判断标准是不一样的,心情是不一样的,表现则更是不一样的。文中"我"的反应却是认为南希是在嘲笑"我"。这样的反应肯定紧接着会发生一系列激烈的连锁反应。这就是小说情节发展的爆发点,小说因此就好往下写了。

我们来看门罗是怎么往下写的。

"我"的第一个反应是,看到南希脸上的红油漆,觉得很可怕。

"我"的第二个反应是,"我"觉得自己脸上的胎记没有南希的脸这么可怕,在"我"心里,胎记不是红色的,是紫色的,而且随着年龄的增长,颜色在变淡,而不是那么刺目。

"我"的第三个反应是,觉得"南希脸上的红油漆成了一个巨大的侮辱,一个恶毒的玩笑"。

"我"的第四个反应是,"我"用尽全身的力气把南希推倒。

前三个反应,都是心理,第四个反应,则是动作。这四个反应,写得层次分明,动作是以心理的变化作为依托的。如果没有前三个心理微妙的变化,看到了南希脸上的红油漆,一上来就把南希推倒,就显得突兀。而这恰恰是我们写作时容易犯的毛病。犯这样的毛病,是因为我们对于人物之间的关系,以及在这样的关系之间人物彼此的心理变化,缺乏了解、分析和深究。而有了这样四个层次的反应,两个不同心情不同性格不同经历的孩子的形象,一下子就展现在我们的面前了。

下面,再来看"我"和南希这一组小孩之间的关系演进,是怎样带出两位妈妈出场的。"我"从房间里跑了出去,要去找南希的妈妈告状,南希跟着也跑了出来。"我"边跑边咽下愤怒的泪水大喊:"我不是红的!"这时候,"我"妈妈出场了。注意,她出场的地点,看似随意,其实是门罗精心设置的。"我没有见到南希的妈妈,我在沙砾小路上狂奔,然后跑到剑兰丛中的石板小径,我看见妈妈从阳台的柳条椅上站了起来。"妈妈就在剑兰

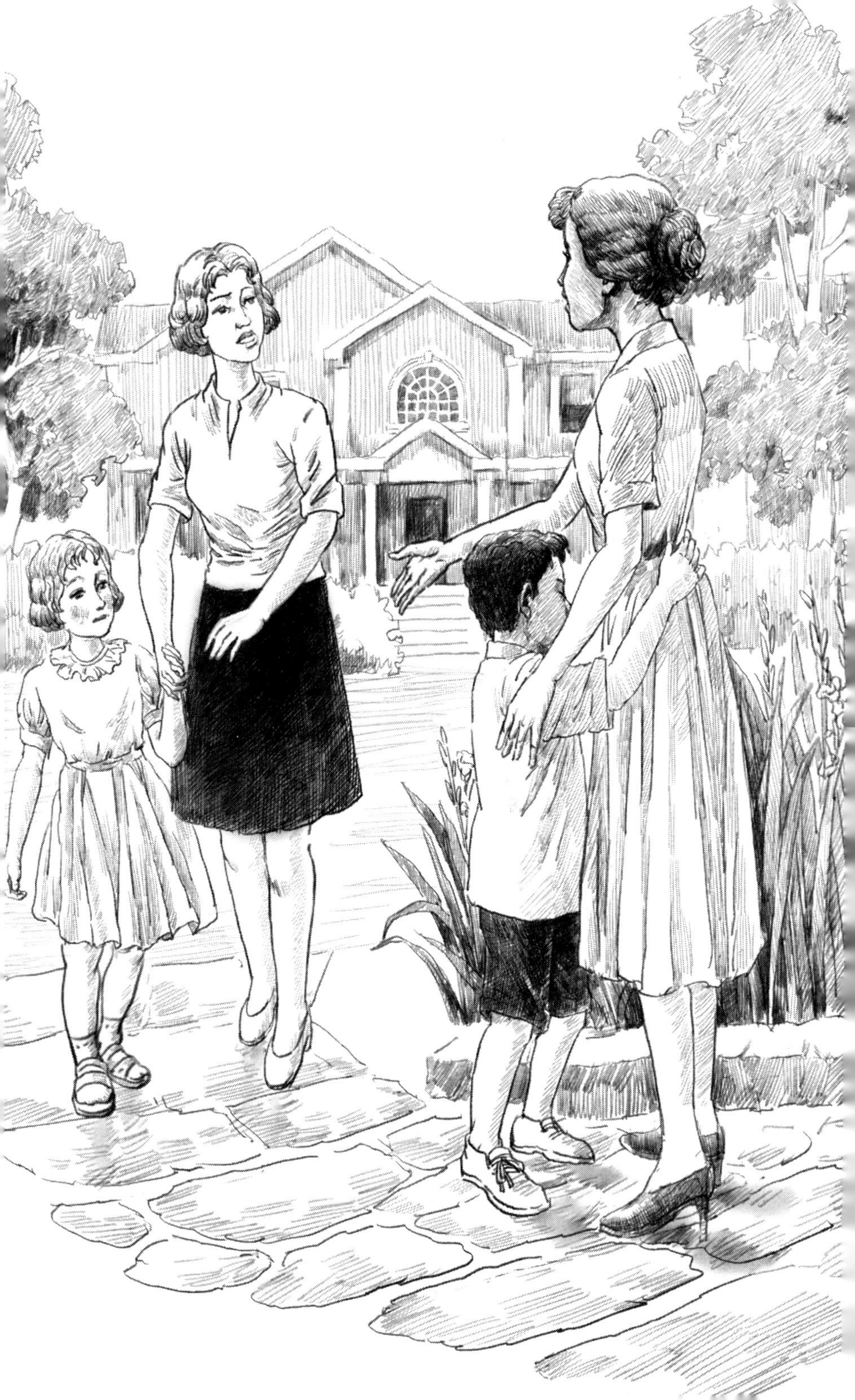

丛前,看见了"我"奔跑,听见了"我"的哭喊。注意,"我"的妈妈是在剑兰丛前出场的。

妈妈明白了一切之后的反应是什么样子的呢?她首先是"冲南希呼叫着:'你这个小畜生!'我从来没有听过她发出这样的声音,尖利、狂乱,并且颤抖"。这是一位母亲看到儿子受到侮辱后常有的反应。

这时候第四个人物,正在屋里洗头发的南希的妈妈听到外面的叫骂声后出场了。看,每一个人物的出场,都是在平常的生活场景中,很自然,不早不晚,恰到好处。

看到了南希的妈妈,"我"妈妈的第二个反应,是转而冲南希妈妈呼叫,而且,一下子无法控制,"妈妈的话滚滚而来,仿佛一股愤怒、痛苦、挣扎的洪流倾泻出来,将无休无止地继续下去。"

妈妈这样激烈的反应,让"我"都觉得有些过分,便劝妈妈。妈妈则是"话咽到了肚子里,眼泪却流了出来。她身体颤抖,声音哽咽"。这是妈妈对"我"的反应,显然和前面无法控制地破口大骂及后面与南希妈妈对骂都不一样,这是妈妈对自己的孩子才有的疼爱和委屈的反应,是"护犊子"。

最后,当人们把两个妈妈都劝回了各自的屋里,"我"妈妈拿着剪刀突然又跑出了屋,一腔愤怒无处发泄,转移到去剪剑兰。"等她住手的时候,剑兰倒了一路,没有一株是站着的,不管是枯的,还是正在盛开的。"

这一场由游戏引起的风波,到这里结束。门罗将这四个人物关系揣摩得很透,写得有条不紊;各自的出场顺序写得自然而然,恰到好处;把四个人物的形象和性格写得鲜明突出。她能够预先设置好道具——剑兰丛,最后让妈妈将这一地的剑兰丛都用剪刀剪干净,无论是枯的,还是正在盛开的,让妈妈的愤怒得到充分而富有画面感的展现。如果没有这片剑兰丛,妈妈的愤怒便成为空洞的道白。这一片被剪得干干净净的剑兰丛,是衬托妈妈形象的最好的背景,非常有画面感。

我们想想前面讲到的《小橘灯》《三月雪》《秋千》《雨伞》《石榴》《面纱随笔》,就能发现这些文章的共通之处。尽管《脸》里出现的剑兰丛,和小橘灯、三月雪、秋千、雨伞、石榴、面纱的比兴象征的作用不同,但其目的是一样的,都是为了写好人物。这样的设置,比单摆浮搁地写人,多了可下笔之处,也多了一点儿韵味。

> **推荐阅读**
>
> ☆【加】艾丽丝·门罗《脸》

六

借水行船把人物写生动

一般记叙文中写人,会着重从人物的外貌、语言、行动等来写,或者是用外部环境来烘托人物。《水浒传》里的景阳冈打虎、风雪山神庙等名段,都是从这几方面写出武松、林冲这两个形象鲜明、性格迥异的人物的。这当然是很好的方法,我们在阅读中常常可以读到。

诗人艾青写齐白石的文章,写得很生动,用的方法,却不完全是从人物的外貌、语言、行动,以及外部环境这样常用的方法,而是很新鲜的方法。是一种什么样的方法呢?我们来看看。

写齐白石的文章,世上有很多,艾青的这篇《忆白石老人》却别出机杼,我以为写得最好。好在哪儿?好在与众不同,他是从齐白石的画入手,来写齐白石这个人。齐白石是位了不起的大画家,写他的画作,以画写人,无疑是一个最近便的很好的选择。过去常说"画中有诗""诗中有画",是画的一种境界。如今,艾青以画写人，做到画中有人，人里有画，实在是写人的一种别致方法。

如果我们将前面所说的常用的写人的方法，称为传统戏剧式的方法，那么，艾青所用的这种方法，我们不妨把它称作借水行船法。

艾青是在1949年齐白石89岁时认识齐白石的，一直到1957年齐白石去世，两人相识不过短短八年时间。如何在这八年的交往时间里，选择出细节和情节，是避免流水账、写好这篇文章的关键，也是写好齐白石这个人尽皆知的人物的关键。

在这篇文章中，艾青写了齐白石的天真、提携后进等多方面的内容，但是，写得最精彩的，是有关齐白石画作的桥段。不仅写出了齐白石作为画家艺术造诣的了不起，也写出了齐白石对自己画作的喜爱乃至有些孩子般狡黠性情的可爱，同时，还写出了艾青对齐白石的敬重和惺惺相惜之情。不去直接写人物的外貌、性格和重大事情，而从画家自身的画作入笔，以此旁敲侧击，借水行船，涉笔成趣，这种写作方法还真的很少见。

在这篇散文中，艾青重点写了齐白石的四幅字画。我们来看看。

第一幅，画的是一幅没有叶子的松树。这是一幅八尺大画，是艾青买来的。因为世上模仿齐白石造假的画很多，艾青把画拿到齐白石那里，让齐白石看看是真画还是假画。齐白石看了之后，说是假的。艾青从齐白石的表情中已经看出了这是一幅齐白石的真迹,便故意笑着说确实是假的,是我昨晚花了一夜的功夫赶画出来的。下面,艾青有这样一段描写:"他知道骗不了我,就说:'我拿两张画换你这张画。'我说:'你就是拿二十张画给我,我也不换。'他知道这是对他画的赞赏。"下面还有一句:"这张画是他七十多岁时的作品。他拿了放大镜很仔细地看了说:'我年轻时画画多么用心呵。'"就画说画,却将齐白石对自己画作的喜爱,对年轻时的感怀,以及他的天真狡黠,和艾青对他由衷的赞赏,都极其简洁却一箭多雕地传神地表达了出来。

第二幅,是从给齐白石看大门的一个太监手里买的一幅字。那是一横幅,写的齐白石自己的诗:"家山杏子坞,闲游日将夕。勿忘还家路,依着牛蹄迹。"诗和字都非常好。艾青写道:"我特别喜欢他的诗,生活气息浓,有一种朴素的美。早年,有人说他写的诗是薛蟠体,实在不公平。"在艾青所买的众多齐白石的字画中,艾青格外提到了这一幅字,说明他是格外有用意的。那就是他喜欢齐白石这种朴素的田野之风。薛蟠是《红楼梦》里的人物,薛蟠所作的诗,是极其粗俗的,怎么可以和齐白石这种醇厚的乡间泥土气息相比!在这里,有这样两点或许纯属巧合,却也是妙手天成。一是这幅字是从看门的太监那里买的(齐白石会给太监一点自己的字画,让他变卖成钱,贴补生活之用),一是这首诗写的乡村的牛蹄迹。这样两点,都是一般人认为难登大雅之堂的,却被艾青连在一起,既写出齐白石性情淳朴,又为有人说齐白石的诗是"薛蟠体"道不平,便有了起点和落点。

第三幅,是艾青请齐白石画一幅他没有画过的画。齐白石画的是一只青蛙往水里跳的时候,一条后腿被草绊住了,青蛙的前面正有三只小蝌蚪自由自在游动,让挣扎不出来的青蛙更是焦急。这幅青蛙蝌蚪图,很彰显齐白石的才气和他对乡间生活的熟悉的底气。青蛙和蝌蚪都被他画活了,有了性格一般,让一幅普通的画面,充满生活的气息,也充满戏剧般的场面和张力。画完之后,齐白石很高兴地说:"这个,我从来没有画过。"然后,他问艾青题什么款,艾青说你随便题,反正我是你的学生。齐白石题道:"青也吾弟小兄璜时同在京华深究画法九十三岁时记齐白石。"齐白石的题款都很有讲究,这幅画的题款中,饱含他对艾青的感情,和他对于艺术的态度。如果不是对艾青有感情,他不会那么痛快答应艾青题款的要求,更何况还在题款中亲切地称艾青为弟。如果不是对艺术有追求,他不会在题款中说"时同在京华深究画法",表明他创作的缘由是以求艺术长进的碰撞和交流。所有这一切,艾青都没有再作抒情或升发,他只是实情实录,戛然而止,却留给我们想象和感慨的空间。

第四幅,是一幅樱桃册页。满盘樱桃,有五个樱桃落在盘子的外面。艾青在一个叫伦池斋的画店里看到,很喜欢,很想买下。但是店主要价很高,艾青没有买下,到齐白石那里说起了这幅樱桃册页。齐白石说再给艾青画一张。"他在一张两尺的琴条上画起来，但是颜色没有伦池斋的那么鲜艳，他说：'西洋红没有了。'"但齐白石题了两句诗："若教点上佳人口，言事言情总断魂。"以作弥补。

如果文章写到这里为止，算不得精彩，只能说是艾青喜欢这幅樱桃图，齐白石注重友情，专门补画了一幅樱桃图。关键是，在后面艾青接着写了这样一小段："他显然是衰老了，我请他到曲园吃了饭，用车子送他回到跨车胡同，然后跑到伦池斋，把那张册页高价买来了。署名'齐白石'，印章'木人'。"这样的一段并不长的文字，却很重要，他告诉我们樱桃没有以前的鲜艳，并不仅仅是西洋红没有了，还有齐白石已经老了，对齐白石的怜惜之情，不动声色，却尽在文字之间。

艾青送齐白石回家之后，立刻赶回画店（注意艾青的用词，是"跑"到画店），买下这幅画，其对于齐白石的真爱之情和对齐白石年轻时的艺术创作的珍惜之情，以行动代替了语言，尽在其中。

文章写到这里，可以说已经很不错了。但是，艾青在这后面又紧跟着写下这样一小段："后来，我把画拿给吴作人看，他说某年展览会上他见过这张画，整个展览会就这张画最特殊。"这一段，成了这张画的画外音，道出了这张画的不同寻常，道出了齐白石画作的艺术价值，道出了艾青对齐白石的感情。好的文字，总是能在平常与平淡之中道出很多意思。这样一幅樱桃册页，艾青从想买而未买，齐白石画而失西洋红，艾青重回画店高价买下，一直到后来借吴作人的口道出齐白石画作的艺术价值，故事发展的起承转合中，有了人物形象画面生动的流动，有了感人的感情涟漪的涌动。

状摹人物，有多种多样的方法。艾青的这篇《忆白石老人》，为我们提供了另一种方法，值得我们好好品读。他没有写人物的外貌和心情，没有写人物的事迹或经历，更没有写人物的背景与时代，只是从几幅字画入手，旁敲侧击，借水行船，却也可以把人物写活，把自己对人物的感情写得真挚动人。

仿照这样的方法，试着写一个我们自己熟悉的人物看看，是不是可以让人物生动起来，别致起来？比如，写我们的老师，只写他们在黑板上的几幅板书，或他们在晚会上表演的几个节目，或他们和学生在课下的几次谈话，或他们在不同时候穿的不同衣服，是不是可以找到写好人物新的并有趣的方法？写作，就是在不断学习、摸索、实践中，逐步得到提高的。只要这样努力去做了，一定能有所进步。

写作，说难，也不难。

▶ **推荐阅读**

☆ 施耐庵《水浒传》　　☆ 艾青《忆白石老人》